叢書シェリング入門4

哲学と文学の間

昭和思想史とシェリング

FRIEDRICH WILHELM JOSEPH VON SCHELLING

菅原 潤 著

萌書房

〈叢書シェリング入門〉刊行にあたって

シェリングという哲学者の名は一般には馴染みが薄い。二重に隠されてさえいる。一方で、古典を敬して遠ざけ流行を追うことにのみ汲々としている思想界の昨今の風潮がこれに追い討ちをかけているし、他方で、ドイツ古典哲学に眼が向けられるにしても、シェリングの名はカントやヘーゲルといったビッグネームの陰に隠れてしまってなかなか目立たず、ためにシェリングにまで眼が向きにくいという事情もこれに加勢している。

フランス革命後の激動の時代に、人間の自由を求め、その根源（悪の起源）を極めようとしたばかりでなく、この根本的希求をもとに、自然の哲学や芸術の哲学、さらには歴史の哲学を展開し、神話と啓示の意義をも追求しようとしたシェリングの思想は、軽佻浮薄なわれわれ現代人に「根源を忘るるなかれ」と警鐘を鳴らし続けているように思われる。

筆者はこれまでもっぱら、思うところあって、無理解のまま放置されてきたドイツ自然哲学を理解できる状態にすることに専念してきたが、非力ながら、ここに、シェリング哲学全般の意義、さらにはその多彩さと魅力を世に広めるための入門書、啓蒙書を叢書として上梓することにした。

この間、日本シェリング協会（一九九二年創立）を母体としてシェリング著作集の刊行が企てられた。

筆者は編集幹事として、その企画、出版交渉等にあたり、当初（一九九四年）十二巻の刊行が可能となるも頓挫。その後、数々の出版社と交渉を重ねた結果、全五巻ながら来年ようやく刊行の運びとなった。著作集出版のための長年の悪戦苦闘のなかで何よりも思い知らされたことは、シェリングの知名度があまりに低いということであった。出版交渉の際に「シェリングが何者か」を一から説明せざるをえないことしばしばであった。この悪戦苦闘を通じて、筆者はシェリングの名を世に知ってもらう必要、彼の思想の意義と魅力を喧伝する必要を痛感せざるをえなかった。

〈叢書シェリング入門〉の企画はこのような苦渋の体験のなかから生まれてきた。もっとも、シェリングという知名度の低い哲学者の入門書、啓蒙書を、しかもシリーズで出版しようとする出版社などあろうはずもなく、著作集の場合同様の難航が予想された。ところが、萌書房という新しい出版社を立ち上げたばかりの白石徳浩氏が趣旨に賛同し、叢書としての刊行を引き受けて下さった。感謝に耐えない。氏の御厚志によって、有難くも、ここに叢書刊行が可能となった。

なお、カバーに掲げる肖像は、ミュンヘンのバイエルン科学アカデミー・シェリングコミッション提供によるものである。

二〇〇四年（シェリング没後百五十年）五月

松山壽一

まえがき

本書は松山壽一先生のご厚意により、叢書シェリング入門の第四巻として依頼を受け書かれたものである。既に先生は同叢書でシェリングの初期神話論、自然哲学、後期哲学、西田哲学との関係を書かれているので、もう私の出る幕はないと思っていたが、先生より旧著『シェリング哲学の逆説』の補章を膨らませたものでもよいとのご助言をいただいたので、その言葉に甘えて「昭和思想史」の枠組で書くことを決意した。

ここで多少『シェリング哲学の逆説』の内容について若干回想することを許していただきたい。この本で私は後期の神話の哲学までのシェリングを扱った四章の後で補章を設け、そこで保田与重郎および中島栄次郎とシェリングとの関係を論じた。出版後の周囲の評判を聞くと、この補章の評価が真っ二つに分かれたことを今も鮮明に覚えている。補章がない方がシェリング研究としてすっきりとした内容になるという感想を述べる人と、補章こそがこの本の核心だと主張する人が半々ぐらいだったからである。いずれの立場でも保田与重郎を論じることの意義に関わる意見だということは明らかで、死後二〇年以上経っても彼の評価が難しいことを思い知らされた。そうしたなかで、心ある方から保田の『万葉集の精神』とシェリングの芸術哲学の関係は文献学的に裏づけられるかという冷静な指摘があった。確かにこの件に関しては私も十分な証拠を持って論じているとは言い難く、これを機会に文献同士の関係を精査して論じることとした。

本書で保田と中島のみならず松下武雄も論じたのはそのためであり、また彼ら三人を論じているうちに三木清と田辺元の重要さに気づき、そして三木との関係で生田長江の重要さに注目することとなった。こうした問題圏とは別に、日本におけるシェリング受容を論じるなら西谷啓治にも触れる必要があると感じて西谷のことを調べると、西谷と親しい論者に唐木順三がいること、そして唐木が亀井勝一郎を評価していることを知った。日本浪曼派関係で保田と亀井が交流していることは以前より知っていたので、この時点でシェリング受容の絡みで昭和思想史が語れることを思いついたというわけである。この視点をもとにして、近い将来に本書でも若干触れた座談会『近代の超克』を中心的に論じたいとも思っている。

今回は保田を改めて論じる際に雑誌『コギト』の復刻版を参照したが、これを見ると当時のシェリングおよびドイツ・ロマン派周辺の思想受容のレヴェルの高さに驚かされる。本書はシェリングおよびドイツ・ロマン派関係を論じたものなので、『コギト』誌上で翻訳されたものの、ドイツ・ロマン派に分類されないため言及できなかった重要な作品には触れられなかった。参考までにこの作品に該当する主な翻訳を挙げると、ディルタイ「フリードリヒ・ヘルデルリーン」（服部正己訳）第六号〜第一〇号、ヴォリンガー「ゴティクの形式問題」（小高根太郎訳）第一七〜一九号、マン「魔法の山」（大山定一訳）第二六〜第二九、三二〜三三号、アルラン「青年」（生島遼一訳）第四三〜四七号、ゴリキー「形式主義に就て」（吉田貞夫訳）第四九号、ヴァザーリ「レオナルド・ダ・ヴィンチ」（隈元謙次郎訳）第五二号、ハイネ「独逸（冬の物語）」（田中克己訳）第五七〜六二号、リルケ「蕩児」（富士川英郎訳）第六八号、コールリッヂ「クブラ・カアン」（森亮訳）第七一号、「ニーベルンゲンの歌」（服部正己訳）第七六〜七八、八〇〜九〇号、アラン「彫刻について」（桑原武夫訳）第八九〜九〇号などがある。訳者名を見ればその後大家となった人物も見受けられ、この雑誌が単なるドイツ・ロマン派の紹介にとどまらず、当時のヨーロッパの先端をなす文芸を論じたものであることが分かる。『コギト』は編集の中心者に保田がいるため、保田の個人的なプロパガンダの雑誌だという見方が世間に根強く残っているが、本書をきっかけに今後『コギト』に掲載された論文などに関する研究が出ることを期待したい。

こうした事情を知ったとしても、『シェリング哲学の逆説』の最後で私自身が問題にしていた、シェリングとヤコービの研究は本書でどう究明されているのかという厳しい意見が寄せられることが予想される。これについては、確かにその方面の研究があまり進んでいないというのが正直な答えである。けれども、今回この方面にあまり踏み込まなかった理由としては、拙著出版後間もなく常勤職に就き、以前よりも研究と教育の関係を考えるようになった事情が挙げられる。目下のところドイツ哲学の研究、特にカント、ヘーゲル、ハイデガーの研究は、既に本場で確立されている方法にのっとれば自ずと研究が深められていると考えられている。けれども、ことシェリングに関しては日本に限らずドイツでも相対的に研究者の人数が少ないのが実情であり、それゆえシェリングの研究を掘り下げる場合でも、ドイツ・ロマン派やニーチェのような隣接分野との関係も考慮することが必要だと思うようになった。さらにこれに比較思想的な見地を絡めれば、本書のように哲学ではヤコービが最初に現在の意味で用いた「ニヒリズム」の語が、昭和思想史においても重要な役割を果たしたことを強調できる。こういう手続きを経れば、一般的には馴染みの薄いヤコービの重要性も、『シェリング哲学の逆説』のときよりも幅広い読者層にアピールできたのではないかと密かに自負している。

もちろん、シェリングと関係づけたニーチェについては、私の専門であるシェリングのように本場ドイツでの最新研究状況をフォローしない書き方をしたため、ニーチェに興味のある方々からすれば、本書の叙述ははなはだ消化不良な内容になったかもしれない。これは大きな反省材料である。このことを認めつつ、敢えて付け加えたいのは、本書での論述のスタイルが先に示したシェリングの近接分野の議論を活性化するのではないかという期待である。多少専門的な事情を書き記せば、本書でも多少触れたドイツ語圏に属するションディによりシェリングを悲劇論に引きつける解釈が、フランス語圏のクルティーヌ（『崇高とは何か』）、ラクー＝ラバルト（『歴史の詩学』）と英語圏のジョージ・スタイナー（『アンティゴネーの変貌』）に引き継がれ、その視点が彼らによるニーチェ、ハイデガーの読解にも反映されていることに注意したい。周知のようにニーチェとハイデガーの研究は、ドイツ語圏とフランス語圏では異なる受容がなされていて、しかも受容する側の間の交流がほとんどなされていないため、我が国でもニーチェとハイデガーのイメージがはっきりしたかたちで読者に伝わっていない状況にある。それゆえ本書で試みた必ずしもドイツ的な流儀にとらわれないシェリング解釈が、従来の「ドイツ哲学」や「ドイツ文学」の枠に収まらない、広い意味での現代思想の展開の一シーンのなかで把握されることを願っている。こういう方法論を編み出せたのも、かつて我が国で雑誌『コギト』グループの孤軍奮闘があったからだと思う。

こうした事情があってのことかもしれないが、本書を書くにあたる道筋をつけて下さった三人の方々はみな哲学以外の所属であった。現在立命館大学に所属されている神林恒道先生は、筆者が大学院時代に履修した美学特殊講義の場でシェリングと日本浪曼派の関係を示唆して下さった。先生のお話が本書の発端である。次に東京大学の苅部直先生は、先生が出された和辻哲郎に関する研究書の合評会の席で、雑誌『コギト』は復刻版があるからそれに直接あたって研究するとよいとのアドヴァイスをして下さった。ここで本書の執筆の方針が固まった。さらに現在は台湾の静宜大学に所属されている柳瀬善治さんは、私のよく知らない国文学研究での保田の受容について適宜重要な情報を提供してくれた。それぞれ美学、政治学、国文学を専門とされる三人の方々、そして松山先生のお力がなければ、こうしたマイナーな企画は実現しなかったであろう。四人の先生方、および出版の労を煩わせた萌書房代表の白石徳浩氏にこの場を借りて厚くお礼を申し上げたい。

二〇〇七年師走の長崎にて

菅原　潤

昭和思想史とシェリング——哲学と文学の間——＊目次

昭和思想史とシェリング

——哲学と文学の間——

第一章　ロマン主義者としてのシェリング

一　従来の研究の傾向

「シェリング」という名を聞くと一般にどういうことを思いつくのだろうか。中高年のクラシック・ファンなら「オイストラフと同時期に活躍したヴァイオリンの巨匠」と言うだろうし、本書で扱う哲学者の名前だと分かる人なら「実存主義の創始者」だと答えるだろう。最近はあまりはやっていない現代思想に精通している人だと「ジジェクの本に出てくる最近注目の哲学者」と言うかもしれない。

こうして見るとシェリングは全く人々にその名が知られないわけではないが、何をやった人なのかはっきりしたイメージの湧かない、中途半端に有名な哲学者だということが分かる。もちろん哲学史におけるシェリングの最も無難な位置づけは、例の「カントから始まり、フィヒテ、シェリングを通過してヘーゲルで完成するドイツ観念論」のなかの通過点だということだろう。けれどもこの場合でも、ヘーゲルの直前の哲学者だとする考え方と、実はヘーゲルより長生きした事実に鑑みて、ヘーゲル哲学よりも完成度の高い哲学、もしくはヘーゲルの枠を超えた哲学を講じたという、二つの見解に分かれてしまう。

冒頭からいきなり混乱した書き出しをしてしまい恐縮だが、繰り返すようにシェリングは哲学史的に位置づけの難しい哲学者である。松山壽一はシェリングの位置づけ方としておおむね六通りの考え方があるとしている。それはつまり、

(1) ヘーゲルにおいて頂点を究めるドイツ観念論の展開における中間段階としてシェリングを捉える傾向、
(2) 実存主義的関心から後期の宗教思想を評価する傾向、
(3) 自然哲学を評価する傾向、
(4) ロマン主義からのアプローチ、
(5)『自由論』を研究の中心に据える傾向、
(6) 神話論を一貫したモチーフとして捉える方向、

の六つである。(1)

最初に述べたドイツ観念論の通過点とする見方はもちろん(1)に当たり、ヘーゲル哲学の枠を超えたものと見る方向は(2)になる。(1)と(2)はある意味で反対の方向を向いている。なぜなら、ドイツ観念論の中間段階にいるはずのシェリングが完成段階に位置するヘーゲルよりも上位にあるとしたら、「カントからヘーゲルへ」をスローガンとするドイツ観念論の「物語」が無効になってしまうからである。もっとも、最近ではこの「物語」を本気で信じている人は少なくなり、ここで数えられる四人の哲学者のそれぞれの個別研究が積み重ねられている状況にあるのだが。

こうした(1)と(2)の対立は、一九五〇年代後半以降有力な仮説とされているフールマンスの議論に端を発している。フールマンスによれば、シェリング哲学は『人間的自由の本質』（以下、『自由論』と略記）を境にして、フィヒテ哲学受容期に相当する初期とシェリング独自の思想を模索した同一哲学期を含んだ前期の汎神論的世界観から、後期の人格神的なキリスト教的世界観に転換したというのである。この議論はシェリングにドイツ観念論の完成を見るヴァルター・シュルツの議論とともにシェリング研究の見取り図を示しており、現在もしばしば言及されている。(2) このフールマンスの仮説にのっとり、シェリングをヘーゲル以前とヘーゲル以後で区別して論じるというスタイルの哲学史が、現在も主流となっている。(3)

けれどもこうした考え方はヘーゲルを大事に思う哲学研究者からすればありがたいかもしれないが、哲学者の個別研究が定着する現況のなかではシェリング研究の評価の物差しとしてはあまりにも外在的である。シェリングに興味のある方々からすれば、シェリング自身の内的必然性からその哲学の総体を考えてみたいという欲求が出てくるはずである。

そのように考えれば、いっそのこと前期と後期を分かつ著作『自由論』を研究の軸に据えてみたらどうかと考えるのは自然の成り行きである。この見方が(5)に他ならない。そして我が国のシェリング研究では『自由論』をどう解釈するかが大きな問題となっている。けれどもここには若干学派的な問題が絡んでくる。『自由論』の初訳者が西谷啓治であるという事実は、十分注意する必要がある。西谷は一般的にはそれほどネーム・ヴァリューはないが、西田幾多郎、田辺元などに代表される京都学派の哲学者であり、それゆえ西谷のシェリング解釈も京都学派独特の議論のなかで展開されている。つまり「絶対無」、「場所」を話題にした難解な議論のなかにシェリングが取り込まれているのである。京都学派のこれらのテーマに大きな魅力を感じる方々にとっては、シェリングがこうした深遠な議論に含まれることは大変魅力的かもしれないが、シェリングに興味のある人間の全てが京都学派に魅力を感じているわけではない。とりわけ(2)の視点に立つ人たちにはキリスト教を拠り所とする人が多く含まれるから、京都学派の通底をなす「日本的なもの」に強く反発しており、このことは十分考慮されなければならない。もっとも、西谷の議論の背景には当時の論壇の動向が反映されている部分もあるので、この部分に関しては第八章で論じることとする。

二 『自由論』の論点

それでは必ずしも京都学派の議論に絡ませないように『自由論』を理解する方法はないのだろうか。その方法はあると思われる。しかもその方法は、シェリングの前期思想と後期思想を関係づける視点を提示するのである。

『自由論』のテーマは人間の自由を善と悪の能力として捉えることである。言うまでもなく人間は善を追求し悪をしてはならないとされている。他方でこの規定は、人間の行為は善をすることのみに限定され、悪をなす自由が与えられていないという風に解釈することができる。人間の自由が悪の問題と結びつけられるのは、こうした文脈においてである。

ここで悪の問題は、大まかに言って二つの位相があると考えられる。一つは道徳的な責任能力の位相である。もしも前述の規定を前提して、そこから悪をなす能力を人間に与えるべきではないと主張すれば、現実に人間が悪をなした場合の責任はどこにあるのか、ということである。人間にその能力がなければ、悪をなしたのは人間的なものではなく、人間のなかにある自然的なもの、動物的なものになるだろう。けれども果たして動物は悪をなすのだろうか。動物は自然本能にしたがっているだけであって、本能に逆らって生きているのは人間ではないだろうか、むしろ人間だけが悪をなすのではないかと考えられる。かといって人間に悪をすすめるわけにはいかない。それゆえ人間は善をなすべきだという規定をする一方で、それでも悪をなす根拠は人間にあるという主張を両立させなければならない。悪をなす根拠と悪をなす自由を結合することかできるかどうかは判断の分かれるところだが、少なくとも悪の根拠を考えることを人間の道徳的な責任能力に帰することは必要である。この能力は少し難しい言い方をすれば、道徳的帰責性とも言われる。

もう一つの位相は、悪の起源の問題である。人間が悪をしてはならないというのは悪がこの世に存在すべきでないことを含意する。けれども実際には悪は存在する。存在するどころか、人間の歴史には数々の戦争のみならず、数え切れない天災、人災、そして核問題や環境問題といった人類の滅亡に直結しかねない問題も多々存在する。なぜこんなにも悪が存在するのか、というのが悪の起源の問題である。キリスト教世界であれば、この問題は創造神の評価に関わってくる。神が全知全能で世界を創造したならば、その神の創造した世界に悪があるのはどうしてなのか、悪が存在する責任は神にあるのか、それともやはり神の創造した人間にあるのか、というのである。従来の考え方だと、悪の責任は神ではなく人間、しかも人間の自由にあるというのがこの答えである。だとすれば、最初に述べた規定、つまり悪をしてはいけないという規定と、悪をなす自由は矛盾しないかという問題が出てくる。

このように見れば、悪の問題の二つの位相は実は同じ問題の二つの側面だということが分かる。同じ問題を道徳哲学と、存在論ないしは神の道徳性を弁護する弁神論から扱っていると言ってもよい。哲学史的に言えば前者の問題はカントが、後者はプロティノス、アウグスティヌス、ライプニッツが扱ってきた。この二つの位相を一つの問題として取り扱おうとしたのが『自由論』のユニークな点である。なお、これら二つの位相それぞれに関わるカントとプロティノスに関しては、田辺や西谷を話題にする第八章で再び検討しておきたい。

カントとの対比は後述することとし、後者の存在論の側面から見ておこう。シェリングは『自由論』で、従来の悪論が悪の自由を説くのには根拠薄弱であることを批判する。プロティノスは第一の善なるものからの流出を経て、最後にいたったものは善とは非なるものだと主張するが、この説明は悪を善から遠いものだと言うだけで悪の説明にはなっていないと批判される。アウグスティヌスも悪を善の欠如態と言うにとどまり、悪において何がなされるかの説明をしていない。ライプニッツは物質の惰性という側面に注目しある種の運動を妨げる特質として悪を考えるが、これも悪の「妨げる」という消極的な面を評するにとどまり、やはり悪が何であるかという積極的な説明がなされていない。

これらの哲学者がいずれも悪の思い切った規定をするのに尻込みしていることには、それなりの理由がある。先述のように、悪に何らかの積極的な規定をしてしまうと、善をなすべきだとする道徳的な規定とならんで、悪を推奨する規定が存在するという矛盾を犯してしまうからである。だとすれば、最終的に善を肯定しつつも、善から「遠い」、善が「欠如」している、善を「妨げる」という悪の消極的な特質は、悪の立場なりに何かを狙っていると考えれば、こうした矛盾は避けられるのではないだろうか。

シェリングはこの道筋を選択する。つまり最終的に善をなすためには当初的に悪がなされなければならないという選択である。まずは善と悪の役割を、時間的に後なるもの、先なるものに割り当てる。次に善と悪の原理を、対等なものとして扱う。その原理とは光と闇の原理であり、前者が後者を圧倒する状況が善、逆に後者が前者を圧倒する状況を悪と規定する。それゆえ厳密に言えば、シェリングが善と悪の原理を規定したというのは適切ではなく、二つの原理により善と悪の状況を説明したと言うべきである。

この説明の特徴は、善と悪の本質をたどれば同じ二つの原理に行き着くので、両者が質的に全く異なるものではないとされることにある。両者の違いは二つの原理の関係の仕方にある。したがってこれまでの悪論のように善を尺度として悪を善の欠如態と規定するのではなく、善と悪を対等の立場で論じることが可能になる。

それならば、最終的に善がなされなければならないにしても、どうして当初的には悪がなされるべきかという問題はどうなるのか。ここでシェリングは、人間誰もが心に抱いているものの、それを口にすることがはばかれる、次のような人間のみにくい心情を指摘する。

例えば悪人は（強制は存在においてではなく、生成においてのみ感じられるのだから）強制されたのではなく、自らの意志に反してではなく、意志を通じて自らの行為をしている。ユダがキリストの裏切り者となったことを、ユダ自身も他の被造物も変更することができなかった。にもかかわらず、ユダがキリストを裏切ったのは強制されてのことではなく、自発的に、全きの自由からのことなのである。(4)

(VII, 386)

ここで第三章で話題にする亀井勝一郎が取り上げるユダがシェリングのテクストに出てくることは興味を引くが、当面の問題はそのことではなく、悪人の規定である。ここでシェリングは、悪とは何らかの落ち度でおどおどなされるのではなく、むしろ自由意志から伸び伸びと悪がなされると主張している。このことは論理的に考えれば奇異だが、直観的に誰もが認めることであろう。悪をなすとき人間はどういう心理状態になるのかは、私を含めて罪を犯した経験のない人間にはなかなかうかがい知ることはできないが、少なくとも何らかの凶悪な犯罪が報道されたとき、あるいは目前で凶行がなされたとき、私たちは一方で恐怖と嫌悪感を感じつつも、他方では不思議な興奮、場合によっては愉悦に似た感情を覚えることがある。この感情は悪をなしてはいけないという道徳的な規定がある以上、口にすることはなかなかできない。このいかがわしい感情の根拠をシェリングは悪人の「全きの自由」に求めている。本当に自由だというのであれば、社会的ないし道徳的に決められた法則を犯すこともいとわない、それどころか進んでそうした法則に違反することが自由の発動であり、その自由さに私たちは内心で共感するというのが悪への愉悦の根拠である。

もう一つシェリングが悪について論及する興味深い例を取り上げてみよう。それは、私たちが何か自分の目標が達成されると思う瞬間に、なぜかその目標から離れてゆこうという衝動が働くということである。彼はこのことを、山登りの例を用いて説明している。

高くけわしい頂上で目のくらんだ者に密かな声が墜ちよと叫ぶように……、生そのものの不安が人間を駆り立て、そのうちへと創造された中心から去るようし向ける。(VII, 381)

先ほどの経験に較べればこちらの方が多くの人が経験していると思われる。私たちは進学や就職や結婚といった人生の行方を左右する重要な決定を目前にしたとき、なぜか不思議な不安にさいなまれてしまう。もう少し具体的に言えば、入試において合格絶対間違いなしという状況にもかかわらず、合格発表を間近にすると不安になるということ、あるいは理想のパートナーと結ばれると思っているというのに、結婚式が近づくと憂鬱な気分になるマリッジ・ブルーを考えてみるとよい。

これら二つの例にはある共通点があることに注意してもらいたい。つまり人が悪をなす、あるいは悪が行われるのを見るときに密かな愉悦を感じることと、望まれる目標が達成されるときに不安を感じることには、他でもないこの「自分」というものが関与しているということである。善をなすべしという道徳的規定の存在を知りつつあえてそれを犯そうとするのは、この「自分」は何ものにも拘束されていないことを示そうとしてのことだし、望んでいることの達成に満足しないというのも、この「自分」には望んだ目標以外のものもあるのだと言い立てたいからなのである。言い換えれば、人間は何かをしたいし何かを達成したいと思っているが、その達成したいものに拘束されたくない気持ちを隠し持っていて、その密かな感情は何にも拘束されたくないという強い自由の感情に裏打ちされているのである。

こうした自由はその字面だけで見ればカントの言う理性の自律と同じように見えるかもしれない。けれどもシェリングの自由には、明らかにカントとは違う側面がある。カントの場合の理性の自律は人間の立てる個別的な意志の格率が道徳法則にしたがうことのみを想定しているが、シェリングの場合理性の命じる通りにおこなうと、行為の主体は何か「自分」が失われてしまう、他ならぬこの「自分」が何かをやっているという実感が持てないと考えられているからである。

それなら行為の実感をともなうためにはどうすればいいかと言えば、それは最終的には受け容れられるべき規定にあえて逆らうことをなすことになる。これこそが悪の積極的規定に他ならない。つまり人間は何か善いことを自ら達成したと実感するためには、その何か善いことを易々と受け容れない、それどころかそれに反発するプロセスが必要だということである。このことを言い換えれば、自由が自ら選んだものだということを実感するためには、ある種の規定に刃向かう心情が必要であり、その心情がともなうことで他ならぬこの「自分」が選んだと言うことができるというのである。

この考え方はカント倫理学の不備を補うものだと言うことができる。前述のようにカントは意志の格率が道徳法則にしたがうべきだと主張するが、したがうべき道徳法則に先んじて意志の格率が存在することの深い理由を考察していない。そのために道徳の帰責性を主張する際もカントは自由意志には道徳的責任があると言うにとどまり、その同じ自由意志が悪をなすことの根拠をうまく説明していない。これに対してシェリングは、行為を自ら選んだものとするためにはある種の規定に逆らう自由も含まれなければならず、そうした自由があってこそなされる行為が実感のともなうものとされるのである。

三　前期思想とのつながり

以上が『自由論』で論じられた事柄である。ここで論じられたのは悪の存在論的根拠、道徳的な意味だが、悪を考察する上で挙げられた例ときわめて類似した局面が前期思想の著作の幾つかにも見られることに注意を促したい。

一つは、シェリングがフィヒテを受容して自らの哲学を構築する準備段階で書かれた一七九四年の『独断論と批判主義に関する哲学的書簡』（以下、『書簡論文』と略記）である。ここでシェリングは客観を原理とする哲学的立場を「独断論」、主観から出発する立場を「批判主義」と名づけ、原理上対立し合う両者の調停を試みる。(5) 彼は基本的にはカントの流れを汲む批判主義の立場に立つことを終始主張するが、それと同時に直観するものと直観されるものの区別、主観と客観の区別が消失する知的直観の意義も主張する。カントは直観を感性的直観にとどめ知的直観を否認しているので、この主張は事実上カントの立場を踏み越えたものである。そのことを自覚しつつ、シェリングはスピノザを独断論の代表者と見立てて次のように言う。

いたるところでやはり自分自身を直観するというこの必然性が……スピノザにも加勢した。彼は自分が絶対的客観のうちで没落したと直観したが、それでもやはり自分自身を直観したのであり、同時に自分が存在するものとして思惟しなければ自分自身が撲滅されたものとして思惟することはできなかったのだ。(I, 319f.)

ここで語られているのは主観の二重化である。批判主義と独断論の双方を調停するためには独断論が主張する主観の「絶対的客観のうちで」の没落を認める必要がある。このことは直ちに主観から出発する批判主義の否認を意味しない。なぜなら、「絶対的客観のうちで」の没落を「知る」には主観の没落を見届けるもう一ランク上の主観が認めなければならないからである。この高次の主観を提示することでシェリングは、対立し合う二つの哲学的立場を両立させる視座を獲得し、一見すると水と油の関係にある知識学と自然哲学とを包含する同一哲学へと向かってゆくのである。これがいわゆる前期思想の立場である。

同一哲学までの道筋抜きで『書簡論文』におけるシェリングの立場を評価すれば、この時点での彼は批判主義の立場に与していると考えられるが、知的直観についてのシェリングの考え方は先に述べたようにカントの立場を踏み越えるものだから、この点を強調すれば本人の意図とは裏腹にシェリングを批判主義の立場に数え入れることは難しくなる。なるほど高次の主観を打ち立てる点で、シェリングの立場は主観に出発する批判主義に相応しいのかもしれない。けれども、高次の主観を樹立するために従来的な意味での主観が絶対的客観のうちで「没落」しなければならないことを考慮すれば、一ランク上の主観を提示するためには絶対的客観の直観が不可欠だということになる。この点を強調すれば、シェリングの力点は批判主義というよりも、絶対的客観の存在を主張する独断論に傾いているとも言える。言い換えれば、高次の主観が登場するためには、低次の主観が否定されなければならないという主張をしていると考えられるのである。

こうした主観とは異なる実在性を重視する見方が、先ほど扱った『自由論』の論点と近似的であることに注意してもらいたい。『自由論』では行為に自ら選んだ実感をともなわせるためにはある種の規定に逆らわなければならないと言われていたが、『書簡論文』では高次の主観に到達するためには従来的な主観がいったん否定されなければならないと言われている。二つの主張に共通するのは、私たちが高次の境地にいたるためには従来的な主観的規定が何らかの客観的なもの、実在的なものにより否定されなければならないとする考え方である。これと同様の議論が雑誌『コギト』の中心人物である中島栄次郎の作家論に認められるが、詳しいことは第五章で論じることにする。

またこの考え方は、芸術における天才の役割においても見て取れる。シェリングが天才を論じるのは、前期思想に分類される一八〇〇年の『超越論的観念論の体系』（以下、『体系』と略記）の芸術哲学においてである。ここで彼は『書簡論文』以来対立的に扱われてきた自然哲学と知識学あるいは観念論を、芸術哲学において結合することを試みる。もう少し詳しく言えば、自然哲学で捉えられた自然の無意識的な活動と観念論が考察してきた自我の意識的活動が、天才を介して芸術作品において統一されるというのである。以下の引用に出てくる技術（Kunst）とポエジー（Poesie）を頭のなかでそれぞれ意識的活動、無意識的活動に置き換えて考察してみよう。

私たちが例の二つの活動のうちの一つにおいて、つまり意識的活動において一般的に技術と呼ばれるもの……を追求しなければならないならば、これに対して芸術のなかに入り込んでいる無意識的なものにおいて技術では学べないもの、練習その他の方法によっても達せられず、ただ自然の自由な好意にのみ備わっているもの、つまり一言で言えば芸術におけるポエジーと呼ばれるものを求めなければならない。……ポエジーと技術の各自だけでも両者の引き離された存在でも、完全なものを産出することができず、それゆえ両者のみが根源的で自由だけでは不可能で達成できず……、完全なものは天才によってのみ可能である。……天才は……それ自体は決して客観化されないが、あらゆる客観的なものの原因である実在的なものである。（III, 618f.）

天才については、第六章で話題にする雑誌『コギト』のもう一人の中心的人物である松下武雄を論じる際に再び取り上げるが、ここでも簡明な説明を施しておきたい。問題になっている「天才」とはレオナルド・ダ・ビンチやモーツァルトのような個人ではなく、彼らが天才だとされるゆえんである、私たちのうまく説明できない「ひらめき」と考えればよい。その上でここで言われることを言い換えれば、芸術作品とは私たちが日々練習して獲得可能な技術だけでは完成しないということである。もちろん現在の技術は、シェリングの生きていた時代よりも格段に発達している。ダ・ビンチの描いた傑作『モナ・リザ』も、インターネットにアクセスすれば現物と寸分違わぬ鮮明な映像をいつどこでも見ることができる。けれどもインターネットで見た『モナ・リザ』が現物のそれと同じように優れているか、あるいは同等かと言えばそうとは言えない。なぜなら、傑作とはそれの外見を模倣するだけで傑作の傑作たる理由に到達できるはずはなく、内側から芸術を作り出すエネルギーというものに触れなければ本物の傑作は分からないからである。そのエネルギーこそがシェリングの言う「ポエジー」であり、その「ポエジー」を私たちが見聞きできる水準まで引き寄せる才能が「天才」である。

こうした天才論にも、先ほど『書簡論文』で挙げた知的直観や『自由論』で論じられた悪の自由と関連するものがある。ここで天才は私たちの意識的な努力では達成できないものとされている。このことを突き詰めて考えれば、技術的な習得は不十分であっても何か光輝くものがあるような作品であれば「天才」のなせる技だと言うことができるし、場合によっては一部の現代芸術に見られる、一見すると粗雑な技術や社会的に見て非常識な要素が作品に打ち出される作品ですら、意識的な規定を否定しているという理由により「天才」的だと評することができる。

このように主観的規定を打ち破るところに優れた境地を求めるという点では、知的直観も悪の自由も天才も一つのラインに乗っかっていると言えるのである。こう考えれば、後期思想に属する『自由論』と、前期思想に分類される『書簡論文』と『体系』をそれぞれ別の文脈で論じる必要はなくなる。このことを念頭に置いた上で再び松山の分類したシェリング研究の六つのアプローチに戻れば、(1)と(2)と(5)

は一貫した視線で把握できるし、⑶や⑹も自然哲学と観念論の調停のモチーフで読み解けるという道筋が開かれるだろう。

四　ニーチェとの関連

またこの考え方に基づけば、⑸のように『自由論』をシェリング哲学の核心と捉え『自由論』以外のシェリングの著作を意に介さないという根強い研究傾向も見直される必要が出てくる。既に述べたように、高次の観念的なものに到達するために実在的なものとの衝突の契機を重視する考え方は『書簡論文』から『自由論』まで一貫しているのだから、両者の中間に位置する『体系』の天才のモチーフを、『自由論』で論じられる悪の自由と結びつけて考察することも可能になる。

そうなると悪と芸術の問題がシェリングにおいて重要なテーマとなるのだが、この二つを主題的に論じた哲学者がもう一人いることを忘れてはならない。それは言うまでもなくニーチェである。ニーチェは初期の『悲劇の誕生』において芸術におけるディオニュソス的なものを論じ、後期の『道徳の系譜学』である種の相対主義的な価値観を追求しているからである。一般的にはニーチェの方がシェリングより知名度が高いから、ニーチェを介せばシェリングに親しみが感じられるのかもしれない。後述するように、実際に我が国におけるシェリング受容はニーチェが呼び水になった所が大きい。

それでは、世代的にはニーチェに先行するシェリングはニーチェと関係があるのだろうか。このことを証明するためのはっきりとした文献的な裏づけは、不十分だと言わざるを得ない。周知のように、ニーチェの芸術観に強い影響を与えたのはドイツ観念論の流れから外れたショーペンハウアーであり、そのショーペンハウアーとシェリングの接点は少ないからである。けれども、他方ではニーチェの専売特許と見なされがちな「ディオニュソス的なもの」が、『自由論』のモチーフを展開した未完の著作『世界時代』の次の部分にあることは注意すべきである。

ディオニュソスの車がライオン、ヒョウ、トラに引かれるのはゆえなきことではない。なぜなら、先祖の民族の太古の自然崇拝がバッカスの密儀という酒宴のなかで祝ったのが、本質の内的瞬間に関する本性が帰属する、こうした荒々しい熱狂的な夢だからである。これに対して原初的自然という、自分のなかを駆けめぐる狂気のような輪、駆り立てる強大で恐ろしい力は、あらゆる事物の母を堅固で振動の大きい車輪の車に載せて、あるときは感覚を麻痺させあるときは耳をつんざく粗野な轟音の音楽を伴奏にして、分別のない荒々しい舞踏をするという、太古の自然崇拝の習慣の別の恐ろしい特徴によって描かれる。（WI. 77f.）

ここには「ディオニュソス」という語はもちろん、『悲劇の誕生』の大きなテーマである音楽のモチーフも提示されている。ここからシェリングの芸術観はニーチェのそれをほぼ先取りしていると結論づける論者もいる。(6) 残る問題はこのニーチェ初期の名著の題に含まれる「悲劇」だが、悲劇についての本格的な哲学的探究は『書簡論文』からだと見る論者も存在する。その論者であるペーター・ションディによれば、『書簡論文』の末尾で論じられる問題は古代ギリシア悲劇の名作『ソフォクレス』を素材にしているというのである(7)。

このように考えれば、世代的には後続するニーチェ的な視点でシェリングを読むことはさほど突飛な試みとは言えなくなるだろう。既述のように一般的にはシェリングよりもニーチェの方が有名な事情に鑑みれば、シェリングの芸術論の見地からニーチェ的な視点でシェリングを読む、あるいは従来的には対立的に捉えられるドイツ観念論とニーチェの関係を捉え直すことも可能だということになる。

五　ロマン主義者としての視座

以上のことを前提にした上でシェリングとニーチェに共通する事情を考えれば、両者とも哲学のみならず文学においても重要だということに気づかれよう。ドイツ文学で研究されるなかで哲学者に数えられる人物はニーチェただ一人である。シェリングはニーチェほど文学研究の素材に向いてはいないが、カント、フィヒテ、シェリング、ヘーゲルというドイツ観念論のメンバーと、シュレーゲル兄弟、ノヴァーリス、シェリングというドイツ・ロマン派サークルのメンバーを較べれば、この二つのグループのいずれにも所属しているのがシェリングだけだということが分かる。こう考えればニーチェとシェリングは、哲学者と言うにはあまりにも文学的で、文学者と言うにはあまりにも哲学的だということになろう。

けれどもこのように二人が哲学と文学の間の立場にあることは、彼らの哲学が浅薄だということを意味するのではない。例えば我が国の論壇を顧みれば、大学の講壇で哲学を講じる純然たる「哲学者」よりも、小林秀雄、吉本隆明、柄谷行人といった文芸評論家の方がはるかに社会的影響を及ぼし、事実上広い意味での「哲学者」の役割を果たしていることに注意したい。それでもやはり、「哲学」という語を厳密に用いたい人が少なからず存在すると思われるが、そういう人たちに対しては、少なくとも「哲学」と「文学」の間にある「思想」の問題として、彼らは重要だと答えたい。

この視点に立てば、シェリングをアクチュアルに読むための方策としては(a)ニーチェとの親和性を考慮しつつ(b)「哲学」と「文学」の間としての「思想」の見地で考察するということに落ち着くだろう。(b)についてシェリング思想の実態に即して考えれば、冒頭で示した六つのアプローチのうちでは(4)を取るのが賢明だということである。この選択はシェリングをドイツ観念論の文脈から引き離してドイツ・ロマン派の枠に押し込むことを意味しない。なぜなら、通常ではドイツ・ロマン派のカテゴリーにくくられるシュレーゲル兄弟やノヴァーリスも哲学的体系を構築する仕事をしているし、いずれのグループにも入れることのできないシラー、ヘルダーリンといった詩人も哲学に対して並々ならぬ関心を表明しているからである。(8) とりわけシェリングの芸術論にスポットを当てるとすれば、芸術に格別の関心を示さなかったフィヒテよりも、こうしたロマン主義者の芸術論とシェリングのそれとを対比する方が大いに参考になるだろう。

このような(a)と(b)双方の視点に立ってシェリング思想が本格的に考察されたことが、我が国のある時代に確かに存在した。それは、満州事変の勃発から太平洋戦争が始まるまでの一九三〇年代である。この時期は三・一五事件に始まる共産主義者への容赦ない弾圧を背景にニーチェのニヒリズムが積極的に受容され、そのなかからシェリングをはじめとするドイツ・ロマン派の提示する新しい芸術観、新しい人間観が模索されたからである。この運動で重要な役割を果たしたのが、哲学者三木清、一般的には日本浪曼派に属するとされる保田与重郎、および先述の中島栄次郎、松下武雄を中心とする雑誌『コギト』グループである。三木と保田については、彼ら二人が参加しなかった座談会『近代の超克』に二人はどう関わっていたかに世間の注目が集まっているが、ここではそうした政治にコミットする関心から一定の距離を置き、大正期のニーチェ受容などを考慮に入れた「昭和思想史」の観点でシェリング思想の可能性を模索することにしたい。なお「近代の超克」についても、結論で多少触れておくこととする。

第二章　大正期のニーチェ受容

生田長江を中心に

一　昭和思想史とは何か

前章の末尾でシェリングのアクチュアルな読みをするためには、世代的にはシェリングに後続するが彼よりも遥かに知名度のあるニーチェとの対比が必要だと述べたので、本章では日本におけるニーチェ受容を追跡することにする。その話に入る前に、ここでの叙述の枠組になっている、一般的にはあまり馴染みのない「昭和思想史」とは何であるかを、一言説明しておく。

まずは一九三〇年代の思想を「昭和思想史」と呼ぶ理由から述べよう。ここで「昭和思想史」ということで念頭に浮かんでいるのは、荒川幾男の『昭和思想史――暗く輝ける一九三〇年代』である。副題にある通り、この本での「昭和」は三〇年代に限定されている。年号としての昭和は六〇年以上続いているのでこうした限定を奇異に感じる読者も多いかもしれないが、ある世代から上の人たちから見れば「昭和」には、一九三六年の二・二六事件を起こした青年将校の掲げたスローガン「昭和維新」のイメージがつきまとっているし、この事件を満州事変以後の一五年戦争のうちに位置づけようとする人たちであれば、一九四五年の敗戦までを「昭和」と呼び、その後の時代を「戦後」と名づけている状況がある。こうした「戦後」が今も続いているかどうかは微妙な問題だが、いずれにせよ「昭和」には戦争が影を落としていることに注意したい。

それでは、「昭和」を広く敗戦までの二〇年間になぜしないかの理由にも触れておきたい。その理由は、敗戦という戦争の結果を尺度として思想を捉えるのは思想を政治的文脈に置くことで、その結果思想の持つべき精神の自由といった契機を軽視しがちになるからである。なるほどこの時代の思想として重要なのは、文学者・哲学者の社会主義思想からの転向の問題であろう。けれどもこの問題の立て方の背景には、戦争に最後まで反対したのは日本共産党の一部の幹部であるという直接的には思想と関係のない無謬史観的な発想が根強くあるわけで、このことを重要視することが果たして思想の展開を考える上で生産的な議論を産み出せるのだろうか。戦争に本格的に突入した四〇年代はともかく、三〇年代には知識人の戦争協力の文脈には必ずしも解消されない、新しい思想の胎動の契機も見受けられる。こうした事情に鑑みて三〇年代の思想史を「昭和思想史」と呼ぶのである。

次に「思想史」の意味合いについてである。思想史という名称のつく学問分野には「日本思想史」、「社会思想史」があり、「哲学」と「文学」の間に思想を定義する見方に立てば、「日本文学史」との関係も考える必要がある。まずは論ずる中身を考えれば最も関係の深そうな「日本思想史」についてである。この名称は名著『本居宣長』の著者として知られる村岡典嗣が東北帝国大学で担当した講座名に由来している。この学問分野では本居宣長を代表する国学者、あるいは丸山政治学との関連で脚光を浴びた荻生徂徠などの儒学者といった近世期の思想家が主に研究され、昭和はおろか近代日本の思想家の研究は基本的にはなされない。それゆえ名称の喚起するイメージと裏腹に、この学問分野は「昭和思想史」との関連は薄い。

むしろかなり関係があるのは「日本哲学史」の方である。この名称はごく最近になって京都大学が開設した講座名に由来している。「哲学」という言葉は明治の啓蒙思想家西周が作ったという事情もあって、ここでは日本思想史では取り上げられることの少ない明治以後の哲学者が研究されている。けれども、日本哲学史の講座は京都大学に設置されているため、先述の西田と田辺および二人の弟子を含んだ京都学派に属する哲学者、あるいはこの学派に属するとは必ずしも言い切れないが、京都帝国大学に在籍した時代のあった九鬼周造、和辻哲郎などが研究の対象となり、狭い意味での哲学者とは言えないが少なくとも哲学的問題に強い関心を抱いた思想家以外は、原則的に研究されていない。これら二つのグループを含めた言わば広い意味での京都学派以外は、日本哲学史では扱われていないのである。

　これを受けて、広い意味での京都学派のうちでも、狭い意味での京都学派と、九鬼や和辻との間には、研究のアプローチに自ずと違いがあるのではないかと問題提起したのが坂部恵である。坂部は最近の論考のなかで、「やまとことばのセマンティカルな含みを生かす」方向と「漢語・漢文訓読脈を強く生かす」方向を挙げて、前者の代表を九鬼、和辻、後者のそれを西田、田辺と見なし、後者の研究を続けるだけでは若い研究者を引きつけることはできないと警鐘を鳴らしているからである。そして同様の批判は、死語に近い語をペダンティックに使用する主流の京都学派の傾向を批判している小林秀雄のうちに見られると言うのである[1]。先に小林秀雄のような文芸評論家も広い意味での哲学者に含めてもいいのではないかと提案したが、坂部のこの提言は哲学者の文体に注目したものとはいえ、読みようによっては第一章で示した「哲学」と「文学」の間の「思想」としてシェリングとニーチェを読む態度と基本的に一致するとも言える。本書の試みが「昭和哲学史」と呼ばずに「昭和思想史」と呼ぶのは、こうした坂部の提言を踏まえてのことである。

このように坂部の問題提起は広い意味での京都学派のうちにある温度差を指摘したものだが、次に本来なら狭い意味での京都学派に含まれるべき哲学者が京都学派から排除されている事実にも注目したい。それは、三木清を筆頭に、その後戸坂潤、梯明秀、船山信一と続く、いわゆる「西田左派」(2)とされる人たちが京都学派に含まれず、それゆえ日本哲学史の射程に入れられていないという事実である。彼らはいずれも京都帝国大学出身で、主流の西田や田辺と同時期に活動しているにもかかわらず、彼らの思想はもっぱら社会思想史の文脈で語られている。この理由としては、彼らを代表する三木が京都帝国大学教授になる予定であったものの諸般の事情でそれが実現できず、生活の拠点を東京に移し研究内容も社会思想的なものに移ったことが考えられる。こうした社会思想史の状況を踏まえれば、むしろ社会思想史の視点から広い意味での京都学派も考察の対象にすれば、西田左派を考察の対象に含めることになり、そのことで日本哲学史よりも研究の裾野が広がると思えるかもしれない。

けれども社会思想史は、先ほど言及した戦争協力の度合いから研究対象の思想の評価を決める傾向の強い学問分野である。三木清はその唯物論理解や侵略戦争の思想的正当化と目される昭和研究会への積極的参加をめぐって現在でも論議が絶えないが、こうした議論は三木の思想をその内実からではなく外側から評価しているように思われる。私見によれば、社会思想史は日本の哲学者が西洋の哲学をどのように受容し、どのように解釈したかという単純だが重大な課題を、真剣に受け止めているようには思えない。そうなると残るは日本文学史だが、第四章の保田を論じる箇所でも多少触れるように、やはり文学者の戦争責任に問題の力点を置きすぎるきらいがある。

こう考えると昭和思想史の方法論は八方塞がりの状況にも思えるが、その打開策はどこにあるのだろうか。そこで注目したいのは、ハイデガーの受容を介して日本の哲学者の思想の含意を汲み取ろうとする嶺秀樹の試みである。広い意味での京都学派、あるいは西田左派は、その研究の依拠するアプローチについてはドイツ観念論、現象学、解釈学、マルクス主義等々と様々だが、こと三〇年代前後に大いに話題になったハイデガーの『存在と時間』については、西田を除けばほとんどの哲学者が一様に強い関心を抱いていて、ハイデガーに対する親近性の度合いによりそれぞれのスタンスが決まると言って過言ではないくらいである(3)。こうした状況に嶺は注目し、和辻と九鬼と田辺のハイデガー受容の面から三人の哲学者の思想的傾向を浮き彫りにする。

こうした嶺のアプローチは、今後昭和思想史の取るべき方法論を示していると思われる。なぜなら従来の日本哲学史で取り上げられる哲学者の研究は、哲学者の書いた論文を日本国内の文脈のなかでのみ取り上げた上で、国内の師弟関係から評価したり戦争責任の枠組を持ち出してイデオロギー的に断罪したりすることになりがちで、日本の哲学者の西洋思想受容とその発展のさせ方の水準を問うているとは思えないからである。それゆえ嶺の試みは、受容の対象とされる哲学者はハイデガーただ一人で、日本の哲学者も三人だけにとどまるという限界があるとはいえ、哲学受容の面から思想の展開を捉える今後の指針を示したと言えるだろう。

本書が昭和思想史のなかでニーチェとシェリングを取り上げるのは、こうした嶺の試みにならってのことである。(4)これから日本におけるニーチェ受容を考察するが、それは先述のように我が国におけるシェリングの受容は、まず世代的にシェリングに後続するはずのニーチェが先に国内で受容され、そのニーチェの受容状況が触媒となってシェリングが受容されたからである。しかもそのニーチェ受容には、微妙な差異を含んだ二つのあり方が存在する。それゆえニーチェ受容の二つの流れについて触れておきたい。

二　長江の「超近代派」について

日本におけるニーチェ受容は既に明治期において始まっている。この時期の比較的有名な受容者には桑木厳翼、森鷗外、高山樗牛などがいるが、(5)ニーチェを広く世に知らせた人物と言えば、大正期に我が国で最初に『ニーチェ全集』の邦訳を刊行した生田長江ということになるだろう。ニーチェの知名度に較べれば長江の名はほとんど知られていないし、また昭和思想史を論じるのに大正期の思想家を取り上げる必要があるのか不思議に思う読者も多いだろうが、彼が昭和期のみならず我が国のニーチェ受容に及ぼした影響は計り知れないので、しばらくは長江の足跡について述べておきたい。(6)

生田長江の本名は生田弘治と言い、一八八二年に鳥取県に生を受けた。一高、東京帝国大学文学部美学科在学中より評論活動を開始し、「長江」の号は師に当たる上田敏により与えられた。長江の初期評論は自然主義文学に対する批判を主とし、他方で海外の思想潮流の紹介に精力を注いだ。女性解放運動史のなかでよく知られる文芸誌『青鞜』の母胎となった閨秀文学会の創設も、その一環である。長江は与謝野夫妻に代表される明星派の文学運動に共感し、与謝野晶子の斡旋等を経て新しい女性の文学運動を助成する意図で閨秀文学会を作ったのであった。この会には平塚らいてう、山川菊栄といった後のフェミニズム運動でよく知られるようになる面々も含まれていた。ちなみに『青鞜』の発案および命名も長江によるものであり、らいてうとともにフェミニズムの分野で広く名が知られている高群逸枝も長江から強い影響を受けている。

このように生田長江は大正期において進歩的な啓蒙思想家とでも言うべき立場にあったが、『資本論』の翻訳とその挫折、ロシア革命前後の世相を受けて、もとから抱いていたニーチェへの傾倒を深めていった。そのなかで書かれていたのが、彼の主著にあたる『超近代派宣言』である。この著書は長江の名と同様ほとんど知られていないが、三〇年代に話題となる問題圏を先駆的に提示したものなので、少し詳しく紹介しておきたい。

長江は自らの「超近代派」という立場を、他でもないニーチェ的な観点で正当化する。まずは資本主義と社会主義は近親憎悪の関係にあるという興味深い論点を提示する。

> 社会主義と資本主義とが兄弟であっても、その父母いずれをも同じうしているのではないということ、精しくは一方が父母いずれをも分明に知られているのに対して、他方が所謂てて《マ》なし《マ》児であることは承認してもよい。

乃ち、資本主義は単に実証主義的精神という母から生れたことだけが明白であるのに対して、社会主義は実証主義的精神という母と、平等主義的民主主義的精神という父との並び存することをはっきり示している。

しかし乍ら、この平等主義的民主主義的精神なるものは、社会主義にとっても実証主義的精神ほどに重要な、もしくは根抵的なものではないように思われる。

なぜと云って、唯物史観や唯物論（この二をきりはなし難いと考えても、考えなくてもよいのだ）の上に立っているマルクス派の社会主義者は、屡々考え、そして口にする——資本主義は資本家を幸福にするだけそれだけ労働者を不幸にしている。乃ち、それは資本家階級にとっての正義であると共に、労働者階級にとっての不正義である。そして自分達が資本主義を否定するところの社会主義（彼等は大抵、資本主義を否定するのは自分達社会主義者ばかりだと、僭越な事を考えている！）を唱えるのは、自分達が偶ま資本家階級に属しないで、労働者階級に属しているからであると。

平等主義的民主主義的精神の頽敗した形が、如何に始末の悪いものであるかは暫く措く。大抵の社会主義者等はこの精神をすら単なる口実として利用するに止まり、衷心からの何等の信奉をもなしていないのである。そして彼等の社会主義の本質は、結局資本主義その物の否定であるよりも、彼等自身を資本家にしてくれないところの運命への呪詛なのである。(7)

こうした社会主義の資本主義への嫉妬の念の分析はニーチェの提唱するルサンチマンの観点を髣髴さ

せるものである。このように社会主義と資本主義が同根であることを指摘した上で、長江は双方を「超克」することが「超近代的」だと規定する。

近代的な一切の事物に対する堪えがたき嘔吐感から出発しているだけに、超近代主義は一応近代主義の単なる否定の如く、単なる反対物の如く見えるかも知れない。けれども実際は近代主義からあとへ引き返したのではなくして、さきへ通りぬけてしまったのであり、所謂超克したのである。即ち超近代主義は人性主義の単なる否定や反対物であるよりも寧ろ人性主義精神の超克されたものであり……、従って大抵の近代思想の否定や反対物であるよりも寧ろそれらの思想の超克されたものである。……科学及び器械については、それらのものを強ち斥けるのではないけれど、それらのものを礼拝するような態度を全然取るまいとする——これは超近代的である。

商業主義よりも重農主義を、都会よりも村落を、文明よりも文化を、西洋よりも東洋を（単なるセンチメンタリズムからではなく、『近代』生活に対する最も深刻な批判の結果として）撰び取ろうとする——これは超近代的である。……

社会主義が存続する限り、その兄弟分なる資本主義もまた存続するであろうこと、並びに婦人を本当に解放する為めにはさしあたり『婦人解放』という近代的謬見から解放してやらねばならぬということを知っている——これは最後に、けれども最も著しく超近代的である。(8)

長江のこうした主張は多くの点で後年の「近代の超克」のスローガンと重なっているし、後述する保田与重郎の考え方に近しいものでもある。昭和思想史を論じるにあたって大正期の生田長江にまでさかのぼったのは、こうした事情に基づいている。また文中での重農主義への言及は、第三章で話題にする亀井勝一郎のニーチェおよびニヒリズム理解にはないものだということをあらかじめ指摘しておこう。実を言えば、ここに生田長江ともう一つのニーチェ受容との差異が存在する。

三 「超克」をめぐる人々——長江、和辻、阿部

けれども、ここで考察されるべきニーチェ受容に限定して言えば、長江と「近代の超克」の関係はさしたる問題ではない。むしろ、「超近代派」を規定する際に持ち出された「超克」という耳慣れない語が、ニーチェの主著『ツァラトゥストラはこう言った』(以下、『ツァラトゥストラ』と略記)の翻訳の過程で誕生したことに注意したい。

先述のように、長江はニーチェ全集を和訳した最初の人物なので、『ツァラトゥストラ』の翻訳もそのなかに含まれている。「超克する」は同書の序説に出てくるüberwindenの訳なのだが、実は最初の長江訳には「超克」の訳語は登場せず、überwindenには「超越」の語が当てられた。この訳語の採用は、長江以前のニーチェ受容者として最も有名な高山樗牛にならってのものであった。

しかし大正期は長江のみならず、幾多の知識人がニーチェに熱中した時代である。そのなかには和辻

哲郎、阿部次郎といった著名な人物もいる。和辻の初期の著作に『ニイチェ研究』があり、そこにはüberwindenの出てくる章が「自己征服について」[9]と書かれている。他方で阿部の論文には、「人間は超克（征服）せられるべきある物である」[10]という叙述があり、これは長江訳の「超越」と和辻訳の「征服」の二つの訳語をうまく組み合わせたものだと考えられる。この「超克」という訳語について、谷崎昭男は次のような解説を施している。

じつにここに、「超克」の語の成立は語られる。……überwindenに対応する訳語として、その訳語の困難な諸条件にともかくも適ったものとして、この造語は、のぞみうる最良のものだったと思われる。「超越」ということばに優るとも劣らぬ美を具えつつ、しかも同時に、「征服」の語義を過不足なく容れている。けだし「克」とは「征服」の謂であった。そうしてまた「超越」の「超」である。überwindenのüberに「超（えて）」の意あるとすれば、阿部次郎が、造語にあたって、この語「超」をとどめたのはたくみだと云う他はなかった。[11]

『ニーチェ全集』を訳し直すにあたり長江はこの「超克」の訳語を採用した。このことにより阿部の造語である「超克」の語は広く知られるようになった。当時の青年層に大きな影響を与えた倉田百三が『超克』という書を著し、昭和に入って三木清が「不安の思想とその超克」を書いたとき、既に「超克」はニーチェ的な文脈とは独立に人口に膾炙したものとなっている。なおこの論文を書いた時期の三木の言説は、我が国のニーチェ受容を考察するにあたりきわめて重要なので、第七章で触れることにしよう。

四　ニヒリズムを欠いたニーチェ――大正期の受容の特徴

大正期に活躍した長江を昭和思想史のなかでなぜ取り上げるのかと訝しく思う向きもあったかと思うが、このように見ていけば生田長江が「近代の超克」に与えた影響が計り知れないことは自ずと知られることだろう。それと同時に「超克」という語の造語が長江の独創ではなく、やはり大正期に活躍した和辻哲郎、阿部次郎といった、三〇年代の思想とはいささかトーンの違う思想家との共同作業から生まれたことも、注意しなければならない事実である。

例えば三木清は、一九三六年に没した生田長江の追悼文のなかで彼の思想を次のように特徴づけている。

生田長江氏の場合にしても、氏の最も華々しい活動が展開されたのは、ちょうど日本の文壇や思想界が自然主義から人道主義へ移って行った時代であり、氏の活動もまたこれに相応している。生田氏は単に自然主義ではなかった、氏のうちには遥かに強い人道主義的欲求があった。しかし純粋に理想主義的な人道主義者となるにしては氏には自然主義的要素が多かった(12)。

唐突かもしれないが、この文章のなかの「自然主義」の語を「唯物論」に入れ替えると、ここでの長江への評言はそのまま三木清その人の評価になると思われる。唯物論者としては「遥かに強い人道主義的要求」を持っていた三木自身については第七章で論じることにし、こうしたヒューマニストとしての長江の特徴づけは一般的には阿部や和辻について言われていることに相当することに注意したい。

それでは、大正期に活躍した彼らの思想の特徴をニーチェ受容の文脈から捉え直すとどういうことになるのか。このことを考察する際には、彼らより世代が下で昭和期に活躍する評論家の唐木順三による和辻の評言が大いに参考になるだろう。唐木は和辻の思想受容における開放的性格を白樺派の日本的「家」との対決姿勢と対照的に扱った上で、和辻にはニヒリズムが決定的に欠落していると断じている。

ヨーロッパの実存主義は、近代文明、近代自我の危機の上に出てきた思想である。科学技術の進歩が人間を機械化し、個性を無用とし、ブルジョアジイが人間を俗物化してきたとき、ぎりぎりにおいつめられた一点、実存において、ひらき直って、近代を全面的に批判否定するという挙に出たのがキェルケゴルやニイチェのいわゆる実存思想である。彼らの自我、実存は限界状況におけるそれである。死、絶望、ニヒリズム、そういう状況の中での自我である。それはけっして無限の可能性を内包する個性というごとき楽天的なものではない。……十九世紀後半以来のいわゆる世紀末の不安の中から生れてきた実存と、十七世紀のライプニッツの単子論との相違を考えればよい。若い和辻さん、すなわち選ばれた才能と未来をもち、ようやく芽生えてきた個性にたつ個人主義を自分の中に感じた和辻さんが、右のようなニイチェやキェルケゴルと相対したのである。和辻さんの理解や理解の表現は実に見事というほかないが、同時に、出会いのちぐはぐさからくる制限もまたやむをえない。和辻さんが彼らの根抵にある近代のニヒリズムを、体得できなかったのはそのかぎりではやむをえないことであった(13)。

同様のことは阿部次郎にも当てはまると唐木は言う。要するに唐木によれば、和辻と阿部はニーチェの根底にあるニヒリズムを理解していないために、ニーチェ理解としては浅薄だというのである。このような唐木のニヒリズムに対する執着には亀井勝一郎と同様にシェストフからの影響が認められるが、詳しい話は西谷啓治との対比をおこなう第八章で論じることとする。

五　ニヒリズム理解をめぐる大正世代と昭和世代の対立

このように三木が長江をヒューマニストとして位置づけていること、唐木が和辻と阿部をニヒリズムを解さない哲学者として評価していること、そして彼ら二人によって批評されている長江・和辻・阿部の連携プレーのなかで「超克」が造語され普及されたことを考え併せれば、長江を中心とする大正期のニーチェ理解はニヒリズムを欠きヒューマニズムに傾くものだと評価できるだろう。ここで言われる「ヒューマニズム」は必ずしも褒め言葉ではなく、マルクス主義の観点から見れば唯物的な根拠に無自覚で皮相的な人間理解だということになる。大なり小なりマルクス主義の洗礼を受けた昭和の世代の眼には、大正期の思想家は浅はかに見えるのである。

例えばニーチェ受容とは別の文脈だが、保田与重郎は昭和の世代に較べて大正の世代が「精神」を欠いていると断定している。

一般に昭和という時代は変革の時代である。大正でない如く明治でもない。行為が変革を専らイデーとした時代である。最も日本的なものの一つなる転向も亦、変革のイロニー的存在である。その変革は明治の精神よりもずっと開放されていた。大正の状態よりもずっと精神である。いわば大正は持続と拡大をもちつつも、何もかもが二代目の頽敗であった。つまり状態の時代であり、思考の放埒も頽廃も規模に於て合理的であった。大正を象徴する最も偉大な三箇の文化をかりに数えて、原敬、菊池寛、河合栄治郎とあげるなら、これらの尊重すべき意志には、一般に精神が希薄なのである。……大正のイデーとした「状態」と、昭和のイデーとした「変革」は、つねに反撥する。(14)

こうして見ればニヒリズムの理解の度合いをめぐって昭和の世代と大正の世代が対立するという構図が浮かび上がる。厳密に言えばこれは対立ではなく、昭和の世代による大正の世代への批判から出てきた構図であり、大正の世代から見ればこの対立は言いがかりかもしれないものである。こうした対立ともすれ違いとも言えるような状況が、昭和思想史を考える上で重要なものとなってゆく。

果たしてニヒリズムの理解度で思想の深さを測れるかどうかは判断が分かれることだが、いずれにせよそのニヒリズムの出所がニーチェであることは注意すべき事実である。それと同時に、最近はニーチェを必ずしもニヒリズムに結びつけない解釈が台頭していることも注目すべきである。少し具体的に言えば、フランス現代思想の思想家に数えられるドゥルーズがスピノザとニーチェの親近性を強調して以来、ニーチェは実存主義やニヒリズムの文脈から切り離されて論じられる傾向にある。[15] このことを強調すれば、ニヒリズムを解さずにニーチェを読むということは、決して精神において「希薄」ではない。その観点から大正期のニーチェ受容を再評価してもいいかもしれない。

第三章　昭和期のニーチェ受容

亀井勝一郎を中心に

一　ニヒリズム受容の諸相

　第二章の最後で提示したように、大正の世代と昭和の世代でのニーチェ受容における相違は、ニヒリズムの体験があるかどうかということであった。唐木順三をはじめとする昭和の世代によれば、大正期のニーチェ受容者を代表する生田長江、和辻哲郎、阿部次郎にはいずれも深刻なニヒリズムの体験が欠けており、そのために彼らの思想にはどこか浅薄なところがあるという。昭和の世代に言わせれば、自分たちにニヒリズムの体験があることが大正の世代よりも思想的に上だという証左とされている。

　それでは、さほどまでに思想の質を決定づけるニヒリズムとは一体どういうものなのか。これについては哲学と文学の双方から見る必要がある。哲学におけるニヒリズムは、既に唐木が指摘したように、一般的にはニーチェやキルケゴールといった実存主義に属する哲学者が主張したものとされている。けれども「ニヒリズム」という語が哲学的に使用された最初の例は、実存主義より以前のドイツ観念論の時代にまでさかのぼる。具体的に言えば、この時代にカントからヘーゲルにいたるドイツ主流の哲学に反対した在野の哲学者ヤコービが、フィヒテ宛の公開書簡でフィヒテ哲学を主体を絶対化し世界の実在を否認するものとして批判するために用いられたのが「ニヒリズム」の語の初出である(1)。これはドイツ観念論を特徴づける上できわめて重要な事実である。なぜなら、この事実を強調すれば、ヘーゲル哲学以後に登場した実存主義の掲げるニヒリズムの問題が、実存主義以前に既に主題化されたと考えることができるからである。もちろんこのことは、第一章でも論じた、シェリングをドイツ観念論の哲学者として位置づけるか、それとも実存主義の先駆と見なすべきかの問題とも絡んでくる。けれども第一章の最後で論証したように、シェリングをいずれのグループに入れるかというよりも、彼をロマン主義の思想家として把握することがより重要なのである。

それでは、文学におけるニヒリズムはいつから登場するのか。それは一般的にはロシアの有名な作家ドストエフスキーに始まるとされるが、哲学の場合と同様実際はもう少し古く、ツルゲーネフが小説『父と子』のなかで登場させる主人公バザーロフを「ニヒリスト」と規定したのが初出とされる。そのツルゲーネフは実はシェリングに会ったことがある。一八二五年にカールスバートに滞在中のシェリングがツルゲーネフに会ったという記録が残されている。(2) このようにニヒリズムの起源を文学と哲学の双方で探れば、いずれの場合でもシェリングにたどり着くことが分かる。

けれども日本におけるニヒリズムの受容は直接的にはシェリングを介したものではなく、ニーチェを介したもの、厳密に言えばレフ・シェストフのニーチェ論を介してのものである。現在ではさほど知られていないシェストフの履歴について簡単に紹介しておく。本名はレフ・イサーコヴィッチ・シュヴァルツマンと言い、一八六六年にキエフの裕福なユダヤ人実業家のもとで生を受けた。青年期に共産主義思想に共鳴したが間もなく共産主義者から転向し、転向から来る不安な心理のなかでドストエフスキー、ニーチェ、キルケゴールといった実存主義に分類される思想家の研究を行った。ロシア革命以後は反ボルシェヴィズムを表明し、スイスに亡命、一九三八年にパリで客死した。彼の書いた『ドストエフスキーとニーチェ』は、一九三四年に小林秀雄の友人であり座談会『近代の超克』では司会を務めた河上徹太郎等によって『悲劇の哲学』との書名で翻訳され、これをきっかけに、知識人の間で空前のシェストフ・ブームが巻き起こった。第二章で紹介した唐木順三もシェストフに熱狂した一人であり、大正の世代に対する彼の批判もシェストフを経由したニヒリズム理解の上に立ったものである。ついでに言えば、ニヒリズムを代表する哲学者と作家としてニーチェとドストエフスキーが挙げられるのも、『悲劇の哲学』の影響があってのことである。

もっとも、『悲劇の哲学』の翻訳者の一人である河上自身の述懐によれば、彼の翻訳の意図はニヒリズムではなく、西洋近代の伝統的な批判精神の一端を紹介することにあると言っており、この点については河上の友人である小林も同様の意見を表明している。唐木のような昭和の世代と、唐木よりやや年長の河上や小林の世代とにおけるシェストフ理解のこうしたずれは、昭和の世代と生田長江等とのニーチェ受容の違いにかなりの程度重なっており、これら二つの世代の食い違いを明示して第三の道を提示したのが三木清と言ってよい。

三木の問題については第七章で論じることとし、昭和の世代における典型的なシェストフのニーチェ論の理解の仕方として、本章では亀井勝一郎を紹介したい。亀井は国語教科書の教材に選ばれたりすることがあるため比較的世に知られている批評家だが、もともとは社会主義者で、社会主義運動の弾圧のなか転向を表明し、その後保田与重郎等とともに日本浪曼派を結成している。このように亀井の立場は政治的立場を左翼から右翼に転向させた当時しばしば見られた人物の典型なのだが、この転向体験を正当化した書こそがシェストフの『悲劇の哲学』に他ならなかった。以下ではしばらく亀井自身の述懐を通して、昭和思想史研究の対象となる三〇年代のニヒリズムのあり方を考察していきたい。

二　転向とニヒリズム――亀井勝一郎の場合

亀井は戦後になって、シェストフの『悲劇の哲学』に出会う前の時代を含んだ自らの青年期を回想した著書を残している。『我が精神の遍歴』と題されたこの著書は、昭和の世代がニーチェのニヒリズムを受容するまでに培われた精神的土壌を知る上で貴重なドキュメントと言えるので、しばらくはこの著書に付き合うことにしよう。

亀井勝一郎は北海道の裕福な家庭のもとで生を受けた。日本的な風土や歴史から縁遠いこの土地で生まれ育った事情もあって、亀井が精神的な関心を抱いたのは伝統的な仏教や神道ではなく、キリスト教であった。聖書に親しんでいくうちに、次第に彼は自分の裕福な境遇に罪悪感を感じるようになっていった。

この世には「富める者」と「貧しき者」と、二つある。暖衣を着て中学校へ通える身分と、小学校を出るとすぐその日の糧のために働かねばならぬ身分と、二つある。そしてこの差別は、心の高さや才能に由るのでなく、ただ偶然の運命である財力に基くものだ。そうだとすればこれは罪悪ではなかろうかと。この考えにはっきりした輪郭を与えてくれたのは、その頃町の公会堂で催された賀川豊彦の講演であった。大正十年、僕が中学の三年で十五歳のときである。「富める者」は罪人なりとはっきり宣告されて、僕は悄然として家へ帰ったことを記憶している。……「富める者」という自覚がもたらした不安は、このときから次第にはげしくなって行ったようである。何ものかによって責められている、迫害されている、誰が責め、迫害しているのだろうか。十五歳の少年の眼に、新しく、しかもかすかな戦慄をもって映ってきたのは神であったが、はっきりみえてきたものは、「民衆」と名づけられるものの姿であった。僕は宗教の味を少し覚えるとともに、民衆の眼差に対して敏感な少年になって行った。(3)

こうした罪悪感ゆえ亀井は「いかにせば『富める者』は『貧しき者』へ上昇することが出来るだろうか」ということを思い悩むようになる。この構造はまさしくニーチェがキリスト教を批判するときに用いる民衆の「ルサンチマン」に対応するものに他ならず、その後大学時代になって亀井が社会主義運動に献身的に参与したのも、こうしたキリスト教的な倫理観に基づいてことだったのである。

けれども、昭和に入り京都学連事件に始まる共産主義運動への弾圧は亀井の身辺にも及ぶようになった。(4)彼自身も治安維持法違反の罪で逮捕され、獄中でプロレタリア作家小林多喜二の迫害死を聞かされ、精神的に大きく動揺する。

慄然として自分の未来を考える。革命的政治家を志してこのままの道を行くか、それとも常にそれとの握手を考えていたあの芸術の世界に、孤立を覚悟して生きるか。あの幻影とは永久に訣別する日が近づきつつあるようだ。二つの妄想の葛藤が再び始った。そのときの自分にとって、芸術は生であるとともに裏切りであり、政治は死であるとともに殉教であった。……牢獄と死。この絶対確実なものの前に、自分はどうすればいいのか、牢獄も恐れず、死も恐れずとは、日常に公言しあっているところである。自分の周囲を見まわしても、誰ひとりそんなことで思い悩んでいるものはなさそうにみえる。自分ひとりだけが臆病なのか。おまえは心底から共産主義を信じているのか、この道を行って悔いないのか。僕は自分にたしかめてみる。信じている、悔いることはない、と答える。その自答の中には、必ず無数の同志の顔が浮んで、そう答えることを迫っている。隠された心底においてすら、もう己ひとりであることは出来ない。死を恐れるゆえに、真理の裏切者となるのか。卑劣だ。恥辱だ。あわてて僕は自分の迷いを打消し、再び運動の中へ行く[5]。

ここで先に触れなかった芸術に関する亀井の「妄想」に触れる必要があるだろう。彼にはキリスト教的な罪悪感から出発した社会運動への関心とはいささか異なる、芸術による人間の救済というモチーフがあった。

人間は万物の尺度だという希臘風の異教性を、……飛躍的に思い描いたのである。それは幻のようにルネッサンスへの夢へつながって行った。ルネッサンスの精神と、コミュニズムの精神と、即ちラファエルとマルクスと、若し結合しうるとすればこの場にちがいないと。僕は奴隷なき希臘の国を空想したのである。ゲエテによって与えられた異教美とコミュニズムとの結合である。これがこの時期における僕の最高の夢であり、僕の生の条件であった。このロマンチシズムは、微妙に僕を「芸術」へ引き戻し、また「奴隷なき」ことが必至の条件である故に、微妙に僕を革命的政治行動へ押しやるのである。(6)

先に挙げた亀井の述懐は、こうした芸術と政治の両立する理想の実現がもはや不可能であることから来る絶望である。獄中の彼は、芸術を取って政治を棄てるか、それも政治を取って芸術を棄てるかの二者択一をするよう迫られたのである。

この亀井の苦境を救ったのがシェストフの『悲劇の哲学』に他ならない。彼は後に著書『人間教育』のなかに収めることになる文章「生けるユダ（シェストフ論）」（一九三五年）において、自分にとってのシェストフの魅力を次のように書いている。

シェストフが私の興味をひくのは、背教者とか異端者とか呼ばれている人間の心理を、彼が熱烈に愛し求めているからである。神、善、あるいは人類の未来を幸福にすると約束した学説から、完全に身をそむけた場合、人間はどのような心理を自己の内部に形成するのだろうか？　彼は何によって自己の生を肯定しようとするのだろうか？　嘗て熱烈な信仰者であったもの、極端な理想主義者であったものが、その反対の極に立ったときの姿には、何か人間の深い秘密が隠されているように思われる。(7)

ここで言われている「人類の未来を幸福にすると約束した学説」がマルクス主義と同義であることは『我が精神の遍歴』で述べられていることからいって明らかであろう。そして亀井は、シェストフの描くところのイエスを売ったユダを自分自身と次のように重ね合わせる。

キリストの使徒、僧侶、信者たちは、最も醜悪なものの名を呼ぶときの表情でユダと呼ぶ。彼らはユダの自殺をもって文字どおり懺悔の表現とみなしてはいるが、この懺悔をもってすら彼の背教は毫も償われぬ。ユダは永遠に呪われるであろうと。これがキリスト教の一般的常識である。しかし、裏切りという醜悪を担うのはユダたったひとりなのか、数千の僧侶や数千万の信者たちは、それでは悉く彼らの主のごとく苦難の道に死ぬことが出来たのか、という疑問がすぐ起る。……ここにニイチェの断乎とした抗議的言葉がある。「罰ではなく罪を自分の上に引き受けてこそ、はじめて神的ともいわれよう」と（「この人を見よ」）。真理はどちらの側にあるのだろうか。キリストにかユダにか。背教者ユダこそ永遠に呪われた罪人であるならば、むしろ彼こそ真の殉教者であり、偉大なる殉教者とは最も醜悪な背教者の謂に他ならぬという逆説が成立つ。(8)

先に挙げた『我が精神の遍歴』の箇所に基づけて言えば、獄中の亀井を悩ませ続けていたのは芸術か政治かの二者択一のうち、芸術の道を取れば裏切りとなり、政治の道を取れば殉教者となるということだった。けれどもシェストフおよび彼の理解するニーチェの議論にのっとれば、最も醜悪な裏切り者は全く何の見返りもなく裏切っているがゆえに偉大であり、偉大であるがゆえに殉教者であるという不可思議な理屈が導かれると亀井は考える。こうして彼は、以前とは違ってマルクス主義のユートピアを排するというかたちで、ゲーテ的な芸術の世界を希求する自らの立場を正当化するのである。全体的に見てゲーテ論だと言える『人間教育』のなかに、第三者的に見ればゲーテ論とは無関係なシェストフ論をわざわざ挿入したのは、亀井が大学時代に信奉していた共産主義からの訣別を懸命に正当化しようとしたからだと思われる。

三　河上徹太郎、小林秀雄の立場

こうして亀井はマルクス主義からの転向を正当化する論理をシェストフのニーチェ論から読み取った。この亀井のシェストフ理解を昭和の世代のニーチェ理解と結びつけた上で、第二章で取り上げた大正の世代を代表する生田長江のニーチェ理解と対比させれば、一つの大きな差異を見出すことができる。それは、長江がニーチェから読み取った超近代の思想が資本主義と社会主義の対立からの「超克」を目指すのに対し、亀井の場合の当面の敵は社会主義に限られていることである。亀井にとってとりあえず大事だったのは、少年時代から恐れていた「貧しき者」、「民衆の眼」に対する後ろめたさからの脱却であって、その先の展望ははっきりしていなかった。転向直後の亀井が目指したのはとりあえずはゲーテ的な自然観の復興だったが、それはやがて日本精神への回帰となり、近代そのものの否定につながってゆく。

こうした亀井の歩みに疑問を感じる論者が少なからず存在した。そのなかの一人は、亀井のシェストフ理解そのものに難があるのではないか、というものである。このことを主張したのが、他ならぬシェストフの『悲劇の哲学』の訳者である河上徹太郎である。河上はシェストフの主張していることはなるほど一種の「虚無」主義、つまりはニヒリズムかもしれないが、そのニヒリズムのなかにはある種の合理的な考え方が示されていると言っている。

十九世紀的虚無とは、一種の知的万能のことである。それも只身の内に積重ねた智慧の重荷にたゆたさを覚えているという怠惰ではなく、理智の秩序の中に健全円満な世界像を認め、これに対して倦怠を覚えているのである。……かくて十九世紀的頽廃は、時代の児として、又時代精神を敏感に身に受けた先駆者・犠牲者として現れた。それは逃避的存在であるよりは、良心的な、又精神的に進歩的であり俊英な存在であった。……例えばシェストフの精神の如きもこの一例であって、それは従来往々にして誤られて考えられた如き一種の不可知論的虚無ではなく、その全認識理論が実証主義的精神で浸透された挙句の絶望的な一表情に外ならないのである。(9)

後年になって河上は、こうしたシェストフの思想はキルケゴールのような実存主義ではなく、パスカルやスピノザといった近世の哲学者の思想に近しいと論じる。

> 然し現在の私なら、シェストフの本領は何よりもそのパスカル論とスピノザ論にあるといいたい。この二つは神の存否に関するシェストフの徹底的につきつめた信念の告白であって、これから見れば先のドストイフスキー論などはその一応用問題に過ぎないのである。（勿論制作年代からいっても、思想の円熟の経過からいっても、後者の方が先なのだから、応用問題というのは遡及的な意味でいっているのだが。）……シェストフによれば、例によってパスカルもスピノザも、あったが儘の素顔の彼等ではなく、夫々その時代を背景に、彼等の存在の本質に関するTo be or not to beの切端つまった台詞を吐く登場人物なのである。……彼等はシェストフの結論によれば、パスカルは「理性に逆っても主に逆わない」人だというのであり、スピノザは、ニイチエの『ツァラツストラ』に出て来る真昼に提灯をつけた狂《マ》人《マ》の如くに、神を虐殺した人なのである。そしてシェストフの心情は、恐らく彼が論じた如何なる著作家よりも、自分ではパスカルに親近さを感じているかに見える。然し彼が内心最も嫉妬しているのは、スピノザであろう。恰もニイチエがキリストを嫉妬している意味でである。(10)

こうした河上の評言を見れば、シェストフの思想の神髄にニーチェの影を読むこと自体は問題ないが、シェストフからニーチェに連なる思想の流れを一九世紀後半の実存思想に限定するのは西洋思想全般の展開を考慮すれば皮相的で、ましてや社会主義からの転向を正当化する論理を見出すのは筋違いだというこ とになる。このような河上の主張は、実存主義的なニヒリズムに浸っている亀井や唐木の側から見ればいかにも浅はかだということになるだろう。ここでいずれの主張が「正しい」ニーチェ理解かの決定はせず、河上の近世西洋思想の文脈にニーチェを結びつけようとする試みは第二章で扱った生田長江のヒューマニスティックなニーチェ理解に近いと言うだけにとどめよう。世代的にも一九〇二年生まれの河上は一九〇四年生まれの唐木と一九〇七年生まれの亀井よりも年長であり、それだけ大正の世代に近い考え方をしていると思われる。

こうした河上の近世思想的なニーチェ理解を敷衍すれば、ニーチェおよびシェストフはきわめて近代的な思想家だということも言えそうである。河上の友人で文芸批評家の小林秀雄は、シェストフの描くドストエフスキーはきわめて「近代的」だと批評する。

西欧の小説が衰弱しはじめた時ロシヤの小説がひとりあの様な輝やかしい頂に達したのは、文芸復興も知らず、宗教改革も知らずに来たその文化の若さの力による事は疑えない。振り返ってみても頼るべき文化の伝統らしい伝統はみあたらず、西欧の思想を手当り次第に貪るより他に進む道はない、而も既に爛熟し専門化した輸入思想を受けとってもこれを託すべき専門家が見つからぬから、何んでも彼でも自分一人でこれと戦わねばならぬ。そういう時代なのだ、彼らがあゝいう見事な文学を作り上げたのは。恐らくこれはシェストフの場合でもあまり変らなかったろうと思う、彼も亦哲学の伝統のない場所で生き生きと哲学を考えた一人なのだ。僕は彼のそういう処に一番惹かれるのである。……トルストイやドストエフスキーの小説に文学以前の荒々しい情熱が感じられるように、僕はシェストフの論文から哲学以前の息吹きを感じる。……恐らくシェストフは文学と哲学との対立する世界で仕事をはじめた人ではない。彼の教養には専門化を知らぬ野性がある。彼は悲劇主義者でもなければ、不安の宣伝家でもない。ただ当時の社会不安のなかに大胆に身を横たえた一人の男なのだ。(11)

ここでの小林の関心はニーチェではなくトルストイやドストエフスキーといった文学者であり、彼のシェストフに対する興味もシェストフが「文学と哲学との対立する」以前の世界にいることに限定されている。とはいえ、シェストフの考えていることは近代化の始まったロシアの現状を踏まえてのもので、その筆致もニヒリズムから連想されるような生命力の欠けたものとは正反対の「荒々しい情熱が感じられる」と言うのだから、広い意味で河上も小林も長江と同様にニーチェを近代思想家として捉えていると判断するのが妥当だろう。

こうした河上や小林といったいわゆる「文学界グループ」以外にも、彼らとは多少視点が違うが亀井の論に批判的な論者も存在した。そのなかには本書で重要な三木清、そして雑誌『コギト』の有力メンバーである中島栄次郎もいるが、彼らの視点はニーチェ解釈とは別次元のものなので、それぞれ第七章、第五章で論じることとする。

四　生か死か、それとも再生か――ディオニュソス的なものをめぐって

本章および第二章の論述により、大正の世代と昭和の世代におけるニーチェ理解の対立の構図がかなりはっきりしてきたと思われる。これまでの議論を大まかにまとめれば、最初に『ニーチェ全集』を翻訳した生田長江、阿部次郎、和辻哲郎といった大正の世代によるニーチェ理解は、当時のデモクラシーや教養主義の世相を反映して多分にヒューマニスティックなものであり、それゆえ近代以前の西洋思想との断絶を強調したものではなかった。これに対して大なり小なりマルクス主義の洗礼を受けた昭和の世代は、自分自身あるいは周囲の転向体験の延長でシェストフの『悲劇の哲学』を読み込み、そこからニヒリスティックなニーチェ像を構築したのである。こうした構図のなかで、二つの世代の狭間にある河上、小林、そして後述する三木といった世代は両者の対立を調停する役目を果たしているように思われる。

現在の哲学史の理解のなかのニーチェ像はおおむね昭和の世代が想定している実存主義的なものであるが、第二章の末尾でも指摘したように、最近ではむしろ大正の世代が捉えるようなニーチェ理解が主流になりつつある。それゆえどちらのニーチェ理解が「正しい」とは言えない。ここでは本書の主題はニーチェではなくシェリングであることに鑑み、両者に共通するモチーフとして第一章で取り上げたディオニュソス的なものの考察から、二つの世代の解釈が分かれる分岐点を模索したい。

「ディオニュソス」とは周知のように古代ギリシアの神のことである。この神についてニーチェ研究で名高い竹田純郎は次のような説明をしている。

伝えられるように、ディオニュソスは、植生の神として、人間に葡萄と葡萄酒の製法を教えた神だった。葡萄は熱い夏に繁り、冬にはすべての葉を落とし、また翌年に繁るというふうに、衰退と繁殖を繰りかえしている。また、葡萄の果実が烈しく腐敗するから強く発酵し、そしてはじめて芳醇な葡萄酒ができあがる。それゆえディオニュソスは、衰退と繁殖という、腐敗と発酵という両義性をおびた生命を象徴する神であった。否、それ以上の神であった。伝えられるように、彼は、胎児の頃から、繰り返し蘇生している。つまりディオニュソスは、死と再生を繰りかえす神であった。繁殖と衰退、あるいは誕生と死が生きとし生けるものの定めであるから、ディオニュソスは生と死の二重性をおびた神であった(12)。

ここでディオニュソスが「死と再生を繰りかえす神」とされていることについては、若干の補足説明が必要だろう。神話によればディオニュソスは、ゼウスと人間の娘セメレとの間の子である。妊娠中にセメレはお腹の子の父親の本当の姿を見たいとゼウスに願い出たところ、ゼウスはその願いを聞き入れて雷を司る神としての姿を見せたが、その姿を見たセメレは驚愕のあまり死んでしまった。そこでゼウスはセメレの胎内から胎児を取り出して自分の腰に縫い込み、子供の誕生を待った、というのである。この伝説から読み取れるのは、ディオニュソスはこの世に生を受ける以前に母の死を経験し、半死半生の状態で生まれたということである。つまり生まれながらにして「生と死の二重性をおびた神」なのである。この二重性を時間的に捉えれば「衰退と繁殖という、腐敗と発酵という両義性」を帯びていると言うこともできる。つまり植物は冬に枯れても春になると再び緑の葉をつけ始めるということ、収穫された葡萄の実は激しく腐敗するが、完全に朽ち果てるかに見えて実は芳醇な葡萄酒へと発酵するということの間には、死んだかに見えて生命力を取り戻すという特色が共通しているからである。こうした生と死の交替がディオニュソス的なもののメルクマールと言っていいだろう。

こうした生と死の二重性から、大正の世代と昭和の世代のニーチェ理解の違いを読み取ることができるだろう。第二章で触れたように、大正の世代を代表する生田長江はニーチェの思想のうちに重農主義的な要素を看取したが、それはニーチェのなかに生を肯定する側面があったからである。これに対して昭和の世代を代表する亀井勝一郎がニヒリズムをニーチェ思想の本質と考えたのは、ニーチェのなかに死に傾く側面があったからに他ならない。やや単純な言い方になるが、二つの世代は、ニーチェの言うディオニュソス的なものが備える生と死の二重性のうちの一方のみを強調する解釈を施したと言えるのではないだろうか。

ニーチェに公正な理解を示すとなれば、それは生と死の交替を示す「再生」という言葉に注目する必要があるが、この語に注目したニーチェ受容を昭和思想史のなかではっきり見出すことはできない。ただ注目すべきなのは、三木清が昭和の世代のシェストフ受容がニヒリズムに傾くことを批判し、むしろその受容を新しいヒューマニズムの可能性として読み替えようとしたことに、ニーチェの言う「再生」に近い理解があったと言えるかもしれない。そしてこの三木の提案に敏感に反応しつつ、カントとシェリングの議論を交えて「協同の営為」の可能性を論じたのが、保田与重郎を中心とする雑誌『コギト』のグループなのである。このグループは日本浪曼派に合流したので、日本浪曼派に属した亀井勝一郎と区別されないことが多いが、こうしたニーチェならびにシェリング理解に関して『コギト』は亀井と一線を画している。第四章以降で行う雑誌『コギト』のグループの考察はこの問題を考えることから出発させたい。

第四章　保田与重郎の「協同の営為」

雑誌『コギト』とドイツ・ロマン派

一　ドイツ・ロマン派からの視点

しばしば触れてきたように、一般に保田与重郎は日本浪曼派の論客として知られている。一部ではよく知られているこの学派について手短に説明しておこう。日本浪曼派とは一九三五年に創刊された雑誌『日本浪曼派』において活動していた作家の総称であり、戦時中に好戦的な創作を発表した作家が多いことが理由で、戦後は大変に評判のよくないグループである。このグループと保田を直結させるべきかどうかが、これから保田を論じる際にまずクリアしておかなければならない問題である。

保田についての先行研究からこの問題にアプローチしてみよう。保田を日本浪曼派に結びつけることに大いに貢献したのが政治学者の橋川文三である。彼はその名著『日本浪曼派批判序説』のなかで次のようなよく知られている文言を吐いている。

改めていうまでもないと思うが、私たちにとって、日本ロマン派とは保田与重郎以外のものではなかった。亀井勝一郎、芳賀檀などは、私たち少年の目には、あるあいまいな文学的ジャーナリストにすぎなかったし、浅野晃以下にいたっては、殆ど問題にもされなかったと思う。(1)

この文章は当初は橋川自身を含めた一九二〇年代に生を受けた一部の世代のみに向けられたものだった

が、その後橋川自身の評論が高く評価されるようになってからは、一般的な命題として受け容れられてきたように思われる。けれどもこの規定は、雑誌『日本浪曼派』が成立するまでの経緯、そして解散する事情を捨象したものだと言わざるを得ない。そもそも日本浪曼派は、亀井勝一郎を中心とした日本共産党の意向を受けたプロレタリア作家同盟に所属していたグループと、保田与重郎、そして後述する中島栄次郎、松下武雄を中心とした雑誌『コギト』が合流したものである。『コギト』は日本浪曼派の結成後も存続し、それどころか亀井と保田の対立で『日本浪曼派』が終刊した後も続き、保田自身が『コギト』の各号のどこかで執筆しているのだから、保田の原点はむしろ『コギト』にあると言ってよい。本書の一部で保田を日本浪曼派の代表にしたかと思えば、別の箇所では『コギト』を代表させたりしたのは、こうした事情ゆえのことである。

それでは保田を侵略戦争を正当化した評論家として位置づける見方はどうだろう。この見方は敗戦後GHQが公職追放のリストのなかに保田を入れた事情を受け、杉浦明平が『暗い夜の記念で』において、いささか感情的な調子で保田を批判したことで広まったものである。杉浦の主張に基づいて保田を論じる論者は現在ほとんどいないが、他方で戦時中の保田の評論を好意的に評価する論者は少なからず存在する。というよりも、この立場が現在の保田論の中心を占めている。その代表格が桶谷秀昭で、『土着と情況』以降断続的に保田論を発表している。例えば桶谷は、戦時中に発表した保田の主著とでも言うべき作品である『万葉集の精神』を、次のように評している。

私は、保田与重郎の文学への祈念が最も純粋に表現されている文章をみたいと思う。それは『万葉集の精神』一冊に尽きるといえる。発行は昭和十七年六月であるが、執筆時期は序文と最後の章の末尾の文章から判断すれば、昭和十五年秋から一年間、大東亜戦争の直前に擱筆している。六百頁近いこの大冊に描かれている、文学であるとともに歴史の書でもある万葉集の悲劇的精神は、擱筆の直後に始まる未曾有の時代の運命の予感にあふれている。その異常な明日の日に筆者が抱いていたものは、「偉大な敗北」の予感といっていいであろう。(2)

ここで多少『万葉集の精神』の内容について触れる必要があるだろう。万葉集の編者が大伴家持であるのは周知の通りだが、保田は政治上の不遇と文学上の栄光の二面から家持の境遇を描くことで、万葉集が成立した精神的背景を浮き彫りにしている。『万葉集の精神』の刊行当時の我が国は戦争末期で、特攻に出撃する戦士の愛読書として斎藤茂吉の『万葉秀歌』とともに保田のこの著書がしばしば数えられる。こうした状況を考慮した上で、改めて桶谷が言っている「未曾有の時代の運命」をイメージすれば、戦争末期にたびたび起きた南方の島々での玉砕の経験、玉砕を報道するラジオから流れる「海ゆかば」のメロディー、そして広島・長崎の原爆投下といった事態を容易に描き出すことができる。この時代の雰囲気を伝えるよすがは、三〇年ほど前に、当時人気のシンガー・ソング・ライターであるさだまさしが『防人の歌』を発表した直後に沸き起こった非難の嵐以降、完全に途絶えたと言ってよい。(3)それはともかく、ここでいささか気になるのは、『万葉集の精神』を評する際に用いた「偉大な敗北」の来歴について、桶谷が特段の注意を払っていないことである。保田が「偉大な敗北」の語を用いた最初は、一般的には『万葉集の精神』と並ぶ保田の代表作『後鳥羽院』においてだとされているが、実は保田が評論活動を始めたかなり早い時期にヘルダーリン論のなかで「偉大な敗北」を論じているのであり、この重大な事実を桶谷は意識していない。このことは、そもそもの保田の関心が侵略戦争を肯定するかのように日本文芸を論じることではなく、ヘルダーリンおよびドイツ・ロマン派の思想にあったことを示唆している。

橋川や桶谷のように保田を日本的文脈に置くのではなく、その思想的出自がドイツ・ロマン派にあることを次のように強調するのが、ドイツ文学者の川村二郎である。

「日本浪曼派」と「ドイツ・ロマン派」がどのような親近性をもつか、どこで相違するか、これはたしかに一応考えてみるに値する問題であろう。しかしその場合、「ロマン的なもの」という概念をあらかじめ措定した上で、あいへだった二つの文学集団の分析のためにその同一概念を適用することには、おそらくさしたる意味はないだろう。ただ少なくとも確実にいえるのは、保田与重郎のドイツ・ロマン派理解が、当時のドイツ文学研究者たちの追随を許さぬ深みに到達していたということである。彼のヘルダーリン論、F・シュレーゲル論、『ヴェルテル』論などは、たしかに筆者のおかれた現在の状況とそこから発する関心に対象を強くひきつけた、その意味では対象をダシにしておのれを語った文章にちがいない。……語る主体と語られる対象とがここでは微妙な可逆的な関係にあって、対象は語るおのれのダシ、いいかえれば仮面にすぎないようようにみえながら、逆に、切迫しつつもどかしげに語るおのれという仮面の下から、その本然の相を現わしてくるようにも感じられるのである。(4)

この保田張りの美文調の文章で語られているのは、保田与重郎がその評論においてドイツ・ロマン派を対象として論じているにとどまらず、ドイツ・ロマン派の思考法、語り方すら自家薬籠中のものとしていることに他ならない。川村に言わせれば、日本的なものに回帰した後の保田の言説もこうしたドイツ・ロマン派的言説の延長上にある。注目したいのは、橋川や桶谷と違って、川村が「日本主義」に傾いた保田の文章にはかつての輝きがないと断じていることである。

一九三六年ごろから後の保田の文章は、急速にいわゆる「日本主義」的な色彩を増して行く。それとともに、文体そのものも、鬱屈した憤ろしい緊張を失って、いわば教条主義的な硬直した大言壮語に陥りがちになる。大よそのところをいって、『後鳥羽院』(一九三九年)までは批評文学としての一義的な評価に耐えようが、それ以後はかなりの留保つきでなければ受け入れることが困難な文章が多くなってくる。(5)

川村にとって「受け入れることが困難な文章」のなかに一九四二年の『万葉集の精神』が含まれるのは言うまでもない。後述するように、こうした保田の変質には三木や亀井との関係、また『コギト』グループ内での人間関係の変化があると考えられる。それゆえ橋川や桶谷が考えている保田像であれ、川村が想定している保田のイメージであれ、『コギト』とその周辺を考慮に入れないとバランスのいい保田像は描けないと言ってよい。

二　『コギト』の三人組――保田与重郎、中島栄次郎、松下武雄

これからしばらく保田および雑誌『コギト』の関係者を考察するが、その前にどうしても確認しておきたいことは、先ほどの川村の評価とは裏腹に、保田与重郎のドイツ語力がかなり劣っていたという指摘があることである。具体的に言えば、ドイツ文学者としてよく知られている高橋義孝が次のような証言をしている。

保田さんについて、私が一番印象に残っているのは、大西〔克礼〕先生の美学の演習で、フリードリヒ・シラー（Friedrich Schiller）の「素朴と感傷の文学について」（Über naïve und Sentimentalische Dichtung）という論文を読んだ時のことです。この演習の時間には、保田さんは毎回出席されていました。……この演習で、保田さんが大西先生に当てられて、シラーの論文を訳したわけですが、この時の私の感じでは、保田さんはドイツ語があまりできなかったようです(6)。

これが事実だとすれば、川村が舌を巻いた保田のドイツ文学に対する比類のない造詣の深さの陰に誰か友人の助力によるものがあると考えなければならない。その助力のなかには後述する薄井敏夫の訳業も存在するが、特筆すべきは中島栄次郎と松下武雄の二人の貢献である。両者は保田よりも知名度は高くないどころかほとんど無名の存在だが、彼ら二人は保田と同じ一九一〇年生まれ、旧制大阪高校の同級生であり、『コギト』でも数々の論文を寄せているのである。中島と松下なくして初期保田の評論活動はなかったといって差し支えない。それでは『コギト』の三人組として、保田、中島、松下の順で簡単な紹介をしておこう。

保田与重郎は奈良県に生まれ、旧制大阪高校を経て、かつて生田長江が在籍した東大文学部美学科を卒業した。卒論のテーマはヘルダーリン論である。『日本の橋』等の日本主義的な評論を次々と発表し、戦後はGHQにより公職追放の命を受けたが、一九六〇年代より評論活動を再開した。三島由紀夫をはじめとする保守色の濃い文学者に多大な影響を与えたと言われている。

中島栄次郎は大阪市に生まれ、旧制大阪高校を経て京大文学部哲学科を卒業した。卒論のテーマはカントの芸術論である。彼の友人で最近では『風林火山』の著者として知られる井上靖の紹介により『毎日新聞』で文芸批評をした後、現在の天理大学に就職したが、ほどなくして応召され、一九四四年にフィリピンで戦死した。中島とは高校時代以来の知己で、一般的にはデカルト研究者として著名な野田又夫により著作集が編まれているが、この著作集の編集方針には若干の問題がある。これについては第五章で触れる。中島については、後に平和運動家として知られる久野収が次のような証言をしている。

ぼくが本を読んでいたら、ガラス戸をたたくのがいるので、開けてみると、中島君です。……その時、ぼくが「日本浪曼派はえらく調子がいいようだな」といったら、彼は、「だいたい現実政治の挫折を体験し、政治に絶望した思想の深いアイロニーが浪曼派の運動になるのだから、その浪曼派が現実政治の中で時を得顔に咲きほこり、わが世の春をたたえるというのはどういうことかねえ、浪曼派の自己喪失じゃないか」といいました。だから彼はその主力になっていないんじゃないですか。(7)

ここには『日本浪曼派』創刊後に潜在化していた中島と保田の対立が示唆されているが、これについては第七章で論じる。

松下武雄は奈良県に生まれ、旧制大阪高校を経て京大文学部哲学科を卒業した。中島と同じく田辺元の指導を受け、卒論はシェリングの芸術哲学である。三人のなかで最もシェリングに傾倒したのは松下で、『コギト』誌上にシェリングの『芸術哲学』の翻訳を断続的に連載した。将来が嘱望されていたが、結核のため一九三八年に二九歳の若さで病死した。松下の早すぎる死が多くの人に惜しまれたことは、彼の師である田辺が『コギト』に寄せた追悼文の次のような部分からもうかがえる。

私が松下君を始めて知ったのは、君が大学二年の時専攻を哲学に選ばれてから、孜々としてシェリングを勉強せられ、研究室所蔵のシェリングの文献を借覧する為に、非常に頻繁に書物の借用証に私の捺印を求めてたことからであった。当時私は密に君の精励に感服したのである。其様な努力の結晶が卒業論文となったのであるから、君の「シェリングに於ける構想力の問題」の論文が、中島君の「カントに於ける芸術の問題」の論文と共に、昭和九年度の京都大学哲学専攻の双璧であったことも怪しむに足りない(8)。

この追悼文を見れば、中島と松下の両人はたとえ『コギト』で執筆しなくても哲学研究者として活躍する逸材と見なされていたことが分かる。それと同時に注意しなければならないのは、東大美学科卒の保田はその経歴から言って京大の哲学科とは何の接点もないように見えるが、実は中島と松下を介して京都学派の展開をフォローしていたということである。第七章で論じる保田に対する三木との複雑な関係も、彼の中島と松下との関係から間接的に起因している。このことは他方で保田のみならず、『コギト』全体が文学と哲学の間を揺れ動いていたことの証左でもある。

三　保田のヘルダーリン論――「偉大な敗北」の原点

このように保田与重郎の言説は保田自身の力だけではなく、田辺により哲学者としての将来が嘱望された中島栄次郎と松下武雄の助力によって成立したことを看過してはならない。そしてその中島と松下が、それぞれカントの芸術論とシェリングの芸術哲学を通じて自らの思想的立場を固めていったことも忘れてはならない。こうした二人の哲学的造詣が保田の独特なレトリックと合体して、それが『コギト』全体の言説として世に広まったと考えるべきなのである。こう考えれば、本書のテーマである昭和思想史におけるシェリング受容の観点から見れば重要なのは、保田よりもむしろ中島と松下だということになるだろう。二人の思想については第五章と第六章で扱うこととし、ここでは彼らより知名度の高い保田の初期批評の原点を確認しておきたい。

　前述のように保田の卒論はヘルダーリンを扱っているが、その現物は現存していないか、あるいは公開されていない。けれども、初期評論集『英雄と詩人』所収の「清らかな詩人」（一九三四年）はヘルダーリンを論じたものなので、この評論が彼の思想の原点だと考えることができる。ここで保田は、現在でもしばしば取り沙汰されるヘルダーリンをドイツ・ロマン派に数えるべきかという問題に対し、彼をドイツ・ロマン派に入れるべきだと主張する。なぜなら、ヘルダーリンがやがて精神の病に冒されたことの背景には、ドイツ・ロマン派に共通する「現実と自己の対立」を彼が埋めることができなかったことがあると言うのである。

> 世界が、精神と心情から乖離するとき、自ら心情と精神を現実に屈服せしめない限り、心情と精神は自殺せねばならない。ヘルデルリーンの精神分裂症《ママ》がいつから始るか私は知らない。しかし、万人は戦時に於て発狂《ママ》していた。戦時心理はドイツの巨大科学の全領域を、全き広さで破壊した。そこに大戦後のドイツが見られる。だから、ヘルデルリーンの時代を考え、その人類讃歌時代からやがてくる反動の時代を考えるならば、ヘルデルリーンの崩壊は、私にも夢遠い十九世紀初期の現象ではあり得

ない。清らかな詩人は、現実と自己の対立を、或いは自己と他人の対立をうめる便宜の方法としてディアレクテイークもイロニーも発見し得ない。自分が現実の中に倒れるか、あるいは現実が自己になびくか、この二つの場合以外を見出し得ない。かかる時代の清らかな詩人は、かかる二者の関係をつなぐ、「実践」の契機を自己意識中に発見し得なかった。(9)

第六章で確認するように、ここでの用語法には松下武雄からの影響が見られるのだが、とりあえず確認しておきたいのは、フランス革命の影響を受けて自由・平等・博愛の精神がドイツに及んだものの、その精神はドイツにおいて実現せず、むしろ多くの人々の失望を招いたという、保田の一九世紀前半ドイツの歴史診断である。この時代は一般に一八四八年の革命の準備、もしくはウィーン体制の反動政治を読み込まれることが多いのだが、保田はヘルダーリンの狂気に、進歩にも反動にも与せなかった詩人の「清らか」な心情を認めている。彼のみが「現実と自己の対立」を「ディアレクテイーク」や「イロニー」によって廃棄せず、対立を対立のままに保持する人物だとされている。後に保田はこうしたヘルダーリンの見地に基づいてイロニーを再解釈し、シュレーゲルを中心とするドイツ・ロマン派を評価する方向に傾くが、「ディアレクテイーク」、つまり弁証法に対する違和感は終生抱き続ける。

ヘルダーリンのこうした対立を廃棄せず対立のまま受け止める見地を、保田は「セント・ヘレナ」(一九三五年)でナポレオン一世の悲劇的な後半生と照合して考察する。ここで保田が後年追求する「偉大な敗北」というテーマに遭遇する。

僕はかつてヘルデルリーンをのべて、この近代最初のギリシア人に、悲しい運命の側面をより近くみるとかいた。戦うものは悲劇である。今日の戦いに於て、文学者はそれを無償の行為と思い定め、英雄の精神を左右するえたいのしれぬもの——デーモンは、つねに美しい徒労にまで彼を駆る。戦いは悲劇であり、勝つことも悲劇である。しかもこの悲しい運命に偉大な人は力づよく戦った彼らを見る。ヘルデルリーンの教えたものは、まさに悲劇という勝利であった。世俗にいえば彼らの光栄の日のセント・ヘレナである。偉大な敗北である。偉大さのもつ悲劇より、今にして語り始めねばならぬ。(10)

ここに出てくる「偉大な敗北」が徹底的に追求されるのは、川村二郎が批評作品として辛うじて評価する『後鳥羽院』においてである。こう見ていけば、一般に保田の批評を特徴づける「日本主義的」な色彩の出自がドイツ・ロマン派に引き寄せられたヘルダーリンにあることが分かる。けれども当初の保田は、「日本主義的」な言説を紡ぎ出すためにヘルダーリンに興味を抱いていたのではなく、また最初から「偉大な敗北」のテーマを追求したわけでもなかった。当初の彼はヘルダーリンへの関心とは別に、これとはいささかトーンの異なる「共同の営為」という問題圏に没頭していたのである。

四　シュレーゲルと「協同の営為」

保田の「共同の営為」への興味の萌芽は、「清らかな詩人」とはほぼ同時期の「ルツインデの反抗と僕のなかの群衆」（一九三四年）に認められる。『ルツィンデ』とは青年期のフリードリヒ・シュレーゲルの書いた小説で、風俗壊乱的な内容を含むため当時のドイツでスキャンダルとして取り扱われた。この小説は『コギト』の第一五号から第二〇号まで、薄井敏夫により和訳がなされている。こうした事情を受けて保田は、小説の主人公の行動を「偉大な敗北」にも連なる浪曼的反抗と規定しつつ、反抗とは別のニュアンスもそこに認められると論じる。

この書のうけた批判は、善良な家庭の風俗をみだし道徳をみだす淫蕩さのためになされたものである。しかしユリウスは決して淫蕩な主人公でない。神聖な愛の絶無を理想化しイロニー化したものにすぎぬ。それがみたされぬとき淫蕩の弁護ではなく、成ゆきの記述をつとめているに過ぎぬ。ルツインデは彼によって理想化された愛情の対象であり、記述は友情の関係の描写である。ここには神聖な故郷への追想のみが育くまれる。ユリウスはいう、彼女の傍で一人しゃべることは不可能であった、それは自然と会話になった。こんな純粋の友情の世界だけがユリウスのうけた環境から帰結された。その日その日の生活の慰めである。ただ淫蕩に見えるものしか語り得ず、愛の問題しか語り得なかった、不幸を負わされた人間は、俗な群衆のために、その不幸を率直に反抗せねばならなかった芸術家であった。おまえは下らぬ奴だ、といえば、さようさ、と答える。おまえは怠惰さ、それにちがいない、と。むしろこちらからそれを広告する。(11)

ここで保田が主張しているのは、戦後においてチャタレー裁判以後断続的に取り沙汰された淫蕩な記述を「表現の自由」のもとで擁護するという姿勢ではない。むしろ作家は、自らの淫蕩な記述に対する群衆の批判を織り込み済みであり、群衆からの批判は作家の活動を妨げず、むしろその批判に応答するかたちで作家活動が推進されるということをほのめかしている。とりあえず保田が想定しているのは、作家と作家ではない群衆との間の関係だが、あらかじめ群衆の反応を想定した作家活動というものを考えれば、ここで問題とされる作家と群衆の関係は、作家同士の関係へと転換することが可能になるだろう。

実際に保田は、今後目指すべき文学運動を次のように述べている。

シュレーゲルがテイクが、従って多くの訓詁学者が明確にしたように、ロマンテイクは現実生活が文学されねばならぬと考えていた。文学すると共に文学化されねばならぬ。従って彼らにとっては芸術作品及びそれが享受者に与える効果はさして問題ではない。おそらくは自他の問題にならぬ。むしろ芸術家の世界、芸術する心に問題があった。すぐれた完璧の作品を制作する能力など、彼らの芸術家としての目的の一部をも領していない。……作品と作家はつねにいり混っていなければならぬ。創りつつ、その創られた現実を同時に破壊せねばならぬ。(12)

明らかにシュレーゲルの『アテネーウム』を念頭に置いて保田は、こうした「芸術家の世界」における創造と破壊の交替を述べている。(13)この「芸術家の世界」を既に保田は、その名も「協同の営為」(一九三二年）という論文で次のように言う。

僕のくりかえしたいのは……ロマンチイクらの共同の作業についてである。従って彼らのいう、mitdichtungen, mitpoesieren（共に詩作する）にしても、これは決して第一行をAがかき第二行をBがかくといった、少しさきこの国で流行した共同創作の如きものではない。mit-poesieren は寄せがきを意味しない。それは創作意識の上からみた精神的共働を意味している。……mit-poesieren はむしろ創作の意志の問題をさすと思われる。つまり作品に於ける外形的成果でなく、あたかもロマンチイクの批評が作品よりもむしろ作家の存在価値《ザインスヴェルト》（内的な作家の価値）を求めたように。……而してこういう傾向は新しい啓蒙的な運動のためにつねに必要であったのだ。(14)

この考えのもとで、保田は今後創刊される新雑誌編集の方針を次のように規定する。

一．同人雑誌はそれ故に非群衆的な態度をとらねばならぬ。つまり高度の啓蒙的態度である。この国の通俗語を用いると大衆小説風な世界を棄ててしまいそれを省みてはならない。そんなところから新しい文学の発生は永劫にまって望まれるものではない。

二．従って同人雑誌は自ずと文学の時勢に於て超俗的な立場にたたねばならない。超俗的の俗とはあたかも一国の現状文学がもっている世界と呼ぶ。同人雑誌はこれらを超えてゆくべきだ。(15)

そしてこの編集方針のもとに創刊された新雑誌こそが『日本浪曼派』に他ならない。保田は有名な「『日本浪曼派』広告」（一九三四年）のなかで次のように言う。

過去日本の文学界に於て、俗調の流行極り、先代の糟粕を食いて嫌わざること、今日の事情に過ぎるものを知らない。しかも省みて芸術する自覚の切迫の極点に形成されしこと、今日の青年文学人に勝るものあるを見ぬ。観じくれば日本に於て未だ厳密なる浪曼運動の発生を見ないのである。今にして次代は一つの萌芽に己を蔵めつつ、現状は混沌として分明ではない。僕らわが世代の歌を唱えねばならぬ。(16)

こう見てくれば、『コギト』が広い意味でのドイツ・ロマン派研究の雑誌であること、そしてしばしば「日本主義」吹聴の雑誌と目される「日本浪曼派」が、もとは保田の主張する「協同の営為」の延長で創刊されていることが分かる。この点でシェストフよりのニーチェ理解から出発した亀井勝一郎と『コギト』グループの間には、ある種の温度差があると推測される。なお「協同の営為」は、ある意味で三木清の提案する「新しいヒューマニズム」に近しいのであるが、これについては第七章で取り扱う。

五　再び「日本浪曼派」について

こうした保田の主張を念頭に置けば、『コギト』創刊号の編集後記で雑誌名が高踏的だと言われていることに保田が強い違和感を感じていることの理由も見えてくるし、以下のように書かれているドイツ・ロマン派から「日本浪曼派」への移行の意味も自ずと見えてくるだろう。

コギトは創刊号以降独逸の古典期とそれに続く初期浪曼派が好きであった。……今日の文学界の常識の中で僕らは浪曼派を愛してきた。……しかしコギトは、独逸浪曼派を熱心に歪曲しつづけてきた。歪曲の形式はコギトがはっきり示していると思う。どんな歪曲の仕方か、それは最も美しいものをとり出し、最も美らかな芸術する心をぬき出すことである。コギトはそれを正しい浪曼派のよみ方と考え、そこに日本の浪曼派を考えるのである。シュレーゲルやヘルデルリーンは、僕らが無理を通すまで、少くとも新しい十人の関心者はなかったろう。そして少くとも十人の友だちはコギトで再組したシュレーゲルやヘルデルリーンを、あなたの心の中にもっていると思う。日本の浪曼派は、ロマンティックな風景を作るのではない、いな作るかもしれない。どこの国にも存在しなかった美しく高らかなものだけ考える。今日浪曼派ととなえることが既に一つのイロニーである。独逸浪曼派が、独逸のために仏蘭西によって描いたように。(17)

ここまで見れば、少なくとも当初保田が想定していた「日本浪曼派」とは、桶谷が称揚し川村が忌避した「日本主義的」なものではなく、ヘルダーリンを含めたドイツ・ロマン派の換骨奪胎した受容であることが分かるだろう。このことは『コギト』の外部から雑誌『日本浪曼派』に参加した亀井勝一郎にはうかがい知れない事情である。

このように初期の保田与重郎の批評を見てゆくと、「近代の超克」を介して連想されることの多い亀井勝一郎との関係が、思いの外小さいことが了解されると思う。亀井との関係が大きくないことは、保田がニーチェに関心が薄く、他方で亀井とはほとんど関係のない、ドイツ・ロマン派に保田が傾倒していたことを含意する。かといって、保田にとって亀井、ニーチェ、そしてシェストフが全く何の関係もないわけではない。保田は『コギト』の盟友である中島栄次郎と松下武雄を通じてこれらの問題に対処するのである。とりわけ中島は共産主義からの転向の問題に文学的な面から関心を持っていたので、まずは中島の批評を見ておくことにしよう。

第五章　中島栄次郎の作家論

一　保田と亀井の仲介者としての位置

第四章では初期の保田与重郎の評論を中心に論じてきた。それによれば、保田は日本浪曼派の論客としてしばしば亀井勝一郎と同一視されることが多いが、こと初期の評論に限定すれば彼の関心はドイツ・ロマン派に定位したものに集中し、亀井が傾倒したニーチェおよびシェストフに保田がさしたる関心を持っていないことが分かる。したがって保田と亀井は、それぞれ違う立場から「日本浪曼派」に合流したと考えるべきなのである。さらに、第七章で論じる三木との関係を考えれば、保田の「近代の超克」は、シェストフよりも生田長江の「超近代」に近しいことが知られるのである。

とはいえ、保田が亀井の関心のある問題圏に全く関係がなかったかと言えば、そうではない。実は雑誌『コギト』において、亀井が関心を持つニーチェおよびシェストフに興味を抱いていたのは、保田ではなく中島栄次郎の方である。なぜなら中島は、保田がさほど興味を示さなかった転向文学に関する評論を書いているし、ニーチェに言及した文学論を断続的に発表しており、こうした活動に刺激を受けるかたちで保田は亀井と接近していると言えるからである。それゆえここでは、保田と亀井を仲介する論者として中島を扱うことにしたい。

二　中島の転向論

中島栄次郎の評論を論じる前に、今日までの中島の研究状況について若干触れておくことにする。既に述べたように中島は保田に比べればほとんど無名の存在だが、今まで何の研究もされなかったわけではない。例えば、既に触れたように野田又夫は『中島栄次郎著作選』（非売品）を編んでいて、そのなかで野田は「中島栄次郎とその時代」と銘打って中島の思想を紹介している。けれども野田による中島の解説は、野田の専門分野であるフランス思想に偏ったものであり、中島が初期に取り組んでいたドイツ思想への取り組みがあまり考慮されていない。野田のフランスよりの姿勢は編集にも現れていて、中島がドイツ思想に傾倒した時期に名乗った「沖崎猷之介」の筆名で書いた評論の一部が著作選に収められていない。所収されていないもののなかには後で取り上げる「創作――自然主義と浪漫主義――」（一九三二年）のような重要な論考も含まれており、こうした野田の編集態度は中島の思想の紹介をいびつなものにしていると言わざるを得ない。

むしろ中島の評論を公正に扱っているのが、国文学者の神谷忠孝である。神谷はその保田論のなかで中島栄次郎を論じるために一章を充てて、内容から言って亀井勝一郎のシェストフ論を念頭に入れた批評に注目している(1)。ここでは神谷が取り上げた「生活について」（一九三三年）から中島の批評に迫っていきたい。

このエッセーで中島は転向の問題を次のように規定する。

転向ということを考えて見ると、……生活という「概念」のさせる業であるようだ。甘やかされ過ぎた結果なのだ。なお更悪いことには、この概念が積極的に働くことである。誰でも中途で自分が大変この概念に深入りし、自己を欺いていることに気がつくのだ。しかし転向者の場合、この大切な自己発見に際して本当の自己を過少評価して了う、そして何か非常に倫理的な昂奮を以て無理に自己をこの概念にまで引き寄せてしまう。概念が強権をもって正義派的感情をあおるのだ、逆に言えば概念に盲目的に甘えるのだ。自己と概念との距離を強引になくすのだ。この距離が見えた時に初めて「転向」という現象があるのだと思う。(2)

ここで中島の用いている「生活という『概念』」が少し分かりづらいと思うので、説明を施しておこう。第三章でも触れたように昭和初年は共産党に対する苛烈な弾圧が吹き荒れ、多くの知識人が政治運動から転向し、そのなかで文学者は口々に政治よりも生活が大事だと言うようになった。そのときの生活のイメージが貧困なことを中島は批判する。生活は本来は「面白い」ものなのに、その面白さを切り捨て皆一様に生活は「深刻だ」「真剣だ」というのは、生活という「現実」を直視せず生活は深刻で真剣だという「仮定」、「概念」に固執していると中島は考えるのである。

このように深刻で真剣な生活の「概念」を唱える作家たちは、実は生活そのものに定位していないと中島は言う。つまり「生活の難さとか生活の不如意とかを言う人々は、生活の外に何か文学の真実とか宗教的啓示などの真実を考えているか、または無意識の中にそうした仮定を持っているのだ」と言うのである。言い換えれば、転向者たちは口では共産主義の理想を棄てて生活に邁進していると言うが、実はその「生活」というのは、棄てたはずのある種の宗教的な理想に浸食されて生活の現実が見えず、それゆえ「大切な自己発見」ができないと中島は考える。

それでは「大切な自己発見」とはどういうものなのか。それには偶然的なものがつきまとうと中島は言う。

> 僕はその時々の自分を有難く思っては来たが、不変な自我なんか考えたこともない。時々に現れる自分を大切にして自分というものを追いかけ廻しては来たが、自我というような奇怪な実体を信じたことはない。当って見なくては判らない。案外自分の中に思いもかけない自分が住んでいるものだ、生活は辛くも苦しくも考えたことはないが、こうした思いがけない他人が自分の中から顔を出すことほど僕にとって興味あることはない。生活の面白いというのはそれだ。僕の生活のいろいろな事柄に当って、こうした他人の出てくることほど面白いことはない、そしてそれが何よりも自分なのだ、本当の自分なのだ。そしてこの思いがけない自分の現出という「偶然」がこの世の真実だと思う。(3)

ここで言われている「自己発見」と転向の違いを少し考えてみよう。先述のように転向とは、生活という概念をあらかじめ設定し「概念」の側から生活は「深刻」で「真剣」だと決めつけ、その深刻さ、真剣さを自分が無理矢理引き受けるということであった。先にこうした生活の概念は生活の面白さを切り捨てていると批判されたが、今度は「自分」とは概念を受け入れるような実体ではなく、むしろ「思いがけない他人が自分の中から顔を出す」というのが「本当の自分」であり、そのような意外な自分を発見する偶然的な場が「生活」ではないかと中島は考える。

ここで中島が生活の概念を言い立てる文学者として想定しているのは、第三章で取り上げた亀井勝一郎ではなく、島木健作のように転向後に私小説を書いている作家だと思われる。けれども、先に取り上げた『我が精神の遍歴』で告白しているように、亀井にとって転向とは「生であるとともに裏切りである」る芸術と「死であるとともに殉教である」政治のいずれかの二者択一を迫るものなので、生と死をいささか図式的に対立的な構図に仕立てる亀井の発想は、中島が批判する生にあらかじめ概念的な枠組を当てはめる考え方に該当すると言ってよかろう。

三　不安から感動へ――中島とニーチェの接点

転向に関する中島と亀井の捉え方の違いは、実は両者の間のニーチェ理解の差に基づいている。そのニーチェに中島が言及するのは、雑誌『コギト』に寄稿した「レアリズムの精神」（一九三三年）においてである。ここで中島が作家の抱える不安な精神を次のように描写し、最後にさりげなくニーチェに言及していることに注意してもらいたい。

「私の生活の結果は皆無である。一つの調子、只一つの色。その結果はユダヤ人の紅海渡過を現わそうとする画家の絵のようなものである。画家は結局、画面をただ真赤に塗り潰し、これを説明して言う、『ユダヤ人は渡ってしまい埃及人は溺れた』と」。これはキェルケゴールの言葉であるが、作家の感慨とは凡そかかるものであろう。ここに絶望を見る人は見るが良い、だが忘れてならぬことは、作家は決して自殺しないことである。ここに絶望の外観を呈しているのは、作家が自己の生活し闘ってきたものが、果して現実であったか思想であったかという不安である。不安は絶望ではない。絶望よりも強いレアリテをもっているのが不安である。かかる不安は、何よりも作家が思想を嫌うことに由来している。作家が思想を怖れるのは、思想や理論というものが現実を見失わせるからである。……作家は抽象的世界より外に安堵がないのを胎教的に知っている。思想を信ずるのは幸福である。思想を信じないで生きることに較べれば遥かに幸福である。しかしかかる不安と不幸以外に作家にとって興味もなければ、生きる道もない。宛もニイチェがそうであったように。(4)

ここで中島が問題にする「不安」は、キルケゴールとニーチェが引き合いに出される点を考慮すれば、シェストフの『悲劇の哲学』を念頭に置いたものだと推測できる。けれども中島は、先述のように転向を正当化する論理をシェストフから読み込みはしない。むしろ亀井とは違って、シェストフの議論から

「不安」を浮き彫りにする姿勢に注目したい。この発想は後述する三木清の命名する「シェストフ的不安」を拠り所としたものだと言える。三木の思想の影響は中島栄次郎のみならず、雑誌『コギト』の中心的存在である保田与重郎、松下武雄にも及んでいるが、これについては第七章で論じる。

中島の議論に戻ろう。彼は作家たるものは思想を頼みとして不安を解消し、そのことで現実を見失うのではなく、不安に踏みとどまるべきだと主張する。そして踏みとどまるうちに「感動」が生じると断ずる。

> 総ての外的な思想や理論を退ける作家的精神は、従って世に何らの確実なものを知らない。確実性とは他意がない理論に酔う事である。然し作家はかかることを好まぬ、作家は世の理論人の如く全ての余分を敢然と切り捨てる事が出来ない。作家に先行する思想や概念があるならば、作家的認識というものも確実性をもつといえる。併しながら不安な作家の意識に対しては何ものも必然ではなくして偶然である。作家はかかる偶然を楽しむのである。「見る」という作用は作家にとっては、「認識する」作用でもなければ、「感覚する」作用でもない。思想や概念に先行されない不安な作家意識にとっては、「認識」とは最も遠いものである。またかかる不安動揺し、絶望や自殺をさえ思わない作家的精神の前には、静かな安堵にも似た「感覚」という作用はあり得ない。作家にとっては「見ることは『感動する』ことである」。そこに偶然とか不確実とか称されるものが見えるのである。ところが感動という作用が、作家を現実に直面させるのである。感動とは決して感傷ではない。感動を被いかくす

のが感傷である。感動とは現実に接して正直な態度なのである(5)。

不安に踏みとどまることで思いがけず出会うことができる「感動」は「感動を被いかくす」「感傷」と区別されるが、このことも「生活について」で扱われた「生活は辛い苦しいものという『概念』に甘えている」「感傷家」を踏まえてのものである。このように考えると、中島は亀井のシェストフ論を踏まえながら、生か死かの二者択一的な概念図式に囚われた転向から一線を画した、偶然的な感動を作家論のかたちで目指していると言える。また議論の途中でニーチェの名をちらつかせていることに注目すれば、彼のニーチェ理解は亀井の理解するニヒリスティックな理解とは異なる、生気あふれたものだということも推測できるであろう。

四　「吾がもの」になった自然——シェリングとニーチェの結合

こうした問題を踏まえた上で注目したいのは、中島が先述の二つの論考に先立って「沖崎猷之介」の筆名で書いた「創作——自然主義と浪漫主義——」のなかで、シェリングについて論及していることである。ここで沖崎＝中島は、芸術の定義である自然の模倣を哲学的に考察するにあたり、自然と自我の間の距離をなくして自然のうちに入り込むことを要求する。

自然の根拠を求め、その極北に於て人間の見出したものは何であったろうか、それは妖気を湛えた不気味なる「深淵」（Abgrund）に外ならなかった。過去性として自らを殺し、自然の前に投げ出された人間は、その果に足に触れたものはこの深淵に外ならない。その深淵に身を躍らせてのち、初めて人間の過去性は終り、その死は全うされる。しかも真実にこれを体験するものは芸術家である。深淵とは実に「無底」（Ab-grund）であり、そこには既に自然の声すらも聞かれ得ない。シエリングの語を借りれば、それは自然の根源の奥にひそめる「根元底」（Urgrund）であり、「無底の底」（Ungrund）でもある。そこでは自然の姿が最早見え尽し自然のもつ相貌に就いて見えないものが無くなって了ったのである。そこに残るところは只自然の相貌の終末としての無であり、見える自然がなくなって了った無底であり、芸術家は悲壮なる決意を以ってその中に躍入したのである。見尽された自然は既に独立性を失い、人間のものになって了ったものであろう。自然を見尽し、その背後に何らなき無としての深淵に躍入することは同時に又「愛」の初りでもある。無底の深淵には既に重力さえも働かない。深淵に入るや否や芸術家は再び自らの姿を表面に見出さねばならなかった。しかもその時芸術家の見た自然は既に「吾がもの」になった自然であり、吾が命を宿す変貌した自然であった。(6)

哲学的に興味深いこの箇所を理解するためには、中島の独特な時間論を多少説明する必要があるだろう。彼は芸術を考察する上での重要なキーワードとして「死」、「愛」、「生」があると考える。「死」とは芸術が模倣する自然に少しでも近づくために芸術家の自我を殺して自然に屈服することであり、この自然のみがあって自我のない状態を中島は「過去」と呼ぶ。これに対して「愛」は、人間が自然に対して自らの存在可能を投企することであり、その人間のみがあって自然は存在しない状態が「未来」と呼ばれる。こうした創作の「過去」と「未来」の契機を統合する契機として、中島は「現在」としての「生」を考える。この「生」とは人間が自然に屈服するのではなく、むしろ存在可能を投企するように自然のうちに「躍入」し、見る自我と見られる自然とが一体になる瞬間である。その一体となる場所が「深淵」、「無底」、「根元底」であり、この場所を通過することではじめて芸術家の自我が自然を「吾がもの」とすることができると中島は考えるのである。

ここで中島が「深淵」と「無底」というシェリングの『自由論』に出てくる概念を用いていることは、いろいろな意味で重要である。まず先に取り上げた「レアリズムの精神」との関係がある。先述のようにこの論文で中島は、芸術家は思想に頼って不安を解消せず不安に踏みとどまることで現実に直面し、そこで「感動」が得られると述べたが、この論文と今取り上げた「創作——自然主義と浪漫主義——」を突き合わせると、この感動にたどりつくプロセスが自然を「吾がもの」とする創作のプロセスと構造的にパラレルだということが分かる。そしてこの「レアリズムの精神」でニーチェが言及されていることを考慮すれば、中島は亀井的なニーチェ理解を念頭に置きつつも、ニーチェ的な議論をシェリングの無底概念と結びつけることで、「死」か「生」かという二者択一的な生概念ではなく、第三章の最後にニーチェの第三の解釈というかたちで示唆した、擬似的な死を介した「再生」を唱える新たな生概念に到達したと言えるだろう。もちろんこの「再生」の着想を得た背景には、第七章で扱う三木清の新しいヒューマニズムが存在すると思われるが、三木の議論に触れる以前に中島がやはり後述する松下武雄と交流のあること、そして師である田辺元のもとでシェリングを学んだ時期があることを念頭に置けば、彼が抱いていたニーチェとシェリングの結合に似た議論が、たまたま三木のうちにもあったと言うのが適切だろう。

またシェリングに詳しい向きから言えば、ここでの中島の議論はシェリングの『自由論』の解釈として適当なのかと言うかもしれない。つまり、『自由論』で論じられるはずの悪や自由の問題がここで全く言及されていないのは、シェリングの正しい理解なのかというのが、その異論の内容である。これについては既に第一章で述べたように、『自由論』の議論は『書簡論文』で論じられた知的直観の議論と構造的に同一であると答えたい。その論点をかいつまんで言えば、自我と対象の区別がなくなる知的直観を経由することで高次の主体に到達するとする『書簡論文』の議論は、ある種の規定に刃向かわなければ自由を実感できないとする『自由論』の議論と構造的に等値だということである。もう少しテクストにそった言い方をすれば、「高くけわしい頂上で目のくらんだ者に密かな声が墜ちよと叫ぶ」という人間的自由の状況と「同時に自分が存在するものとして思惟しなければ自分自身が撲滅されたものとして思惟することはできなかったのだ」という知的直観の状況が、自然を「吾がもの」とする中島の議論と合致するということである。さらに、やはり第一章の議論にさかのぼって『世界時代』において「ディオニュソス的なもの」が論じられている事実を思い起こせば、中島はシェリングとニーチェを結合することで、生田長江につながるニーチェの生に傾く思想を「再生」というかたちで捉え直したと言うべきだろう。

繰り返しになるが、シェリングはニーチェに較べれば格段に知名度の低い哲学者であるにもかかわらず、しばしば哲学と文学の分野でシェリングが取り上げられる理由は、ニーチェとの親近性にあると思われるが、この両者の近さをはじめて指摘したのが中島だと考えられる。もちろんこの二人を論じた哲学者として比較的知られている哲学者に西谷啓治がいるが、彼の場合はむしろニーチェを介してシェリングから中世神秘思想に向かったのであって、彼にとって両者の親近性は神秘思想に関心を移行する際の通過点の役割しか果たしていなかったと思われる。こうした西谷の態度もシェストフのニーチェ論を介したものであるが、これについては先に触れた唐木順三との関係を論じる第八章で論じることにする。

五　「不安」の共有――中島からの保田への影響

再び話を中島栄次郎と保田与重郎の関係に戻せば、続く第六章で詳しく見てゆくように、保田は中島の論文「創作――自然主義と浪漫主義――」を高く評価し、中島を経由して「不安」を主軸にした批評の方法を確立してゆく。けれども中島が「言語の唯物化」という仕方で作家論に磨きをかけるのに対し、保田はむしろ三木清から得た世代論に刺激を受け、「当麻曼陀羅」に始まる「日本主義的」傾向の評論に向かってゆく。こうした保田の動向を考える際に重要になってくるのが、『コギト』のもう一人の中心的人物である松下武雄の議論である。彼は主要な三人のうち唯一シェリングを専攻し、彼の芸術哲学を広く世に知らせた点でも重要である。松下はまた三木清の新しいヒューマニズムに傾倒し、自らの思索を展開するなかで三木の思想を換骨奪胎して吸収しており、それが保田のロマン主義に影響を与えている。三木の『コギト』への影響は保田と中島・松下の間である種の温度差があり、そこから保田の中島との確執も生じてくるのだが、これについては第七章で扱うことにし、まずは松下と三木の関係について考察しよう。

第六章　松下武雄の芸術論

一　再び『コギト』の三人組について

第五章では第三章での議論を受けて、亀井勝一郎が提唱したニヒリスティックなニーチェ受容を中島栄次郎が継承しつつも、これをシェリングの議論と結合するかたちで不安に踏みとどまりつつ現実に直面した感動という議論を提示したことを述べ、中島の議論を保田与重郎が継承したことを示唆した。どのように保田が継承したかについては第七章で扱うこととし、ここでは少し保田と松下武雄の関係について見ていきたい。既に触れたように、亀井がニーチェに傾倒する一方でシェリングをはじめとするドイツ・ロマン派にはさしたる興味を抱いていないのに対し、第四章で論じたように保田の定位する思想は基本的にドイツ・ロマン派であった。保田はドイツ・ロマン派を足場としながら中島を介してニーチェを受容したのだが、ドイツ・ロマン派についての知識を保田は独力で得たわけではない。やはり第四章で触れたように、彼はフリードリヒ・シュレーゲルの議論については薄井敏夫の訳業に多くを負っており、シェリングについてはこれから論じる松下の貢献するところが大きい。

このように見れば保田は中島と松下の双方に多くを負っているのだが、やはり第七章で論じるように保田が文芸批評の方法論をめぐって中島と確執を持ったのに対比すれば、保田と松下の関係は終始良好なものであった。その理由は松下が早い時期にシェリングの『芸術哲学』の翻訳に精力を傾けるために文芸批評の領域から撤退したことと、彼自身が病のため夭折した事情が推測できるが、これとは別に中島と松下の個性の違いも起因していると思われる。今まで引用した文章の引用からも容易に知られるように、中島の語調にはある種の力強い情念が感じられ、それが独特の哀調の漂う文章を書く保田と波長が合わなかったのに対し、松下の文章はどこか荘重な調子なこともあって、保田は松下からやや冷静な態度で哲学的な議論を汲み取ったと思われるのである。

けれども松下が保田および中島と際立った違いを見せるのは、三木清の議論に傾倒していると公言していることにある。具体的に言えば、松下は「パトスとロゴスの結合」から新しいヒューマニズムを構想する三木の構想に大いに共感し、三木に先立って構想力論を書くまでにいたる。(1)こうした松下の態度に対し、「協同の営為」から日本浪曼派を立ち上げた保田は三木に対して複雑な態度を取り続ける。この二人の関係が座談会「近代の超克」の不首尾に影響を与えるとも思えるのだが、とりあえずここでは、松下のシェリング受容と三木に対する関係、ならびに松下と中島に対する保田の評価について見ていきたい。

二　ゲーテ型とヘルダーリン型――芸術家の類型化

総じて保田の松下と中島に対する関係は対照的だが、当の松下と中島の関係は良好そのものである。このことは第四章で触れたように、保田が東大の美学科に在籍していたのに対し二人がそろって京大の哲学科で田辺元のもとで学んだという外的事情もあるのだが、松下と中島のそもそもの関心がかなり似通ったことも大きいと思われる。第五章で論じたように中島の批評の事実上の出発点は、転向文学の概念に甘えた傾向を批判した「生活について」だが、松下の最初の批評の題も中島に歩調を合わせるかのように「芸術と生活」となっている。ただし、亀井勝一郎のニーチェ論を意識しながら書く姿勢からもうかがえることだが、中島がどちらかと言えば当時の論壇の空気をいち早くキャッチして才知に富んだ文章を書くのに対して、松下には中島よりはオーソドックスに、カントやシェリングの思想を消化しながら地道に自らの議論を展開するという傾向が見受けられる。以下ではこうした中島との異同を念頭に置きつつ、松下の議論を紹介してゆく。

大東猛吉の筆名で書いた「芸術と生活」（一九三二年）においてまず松下は、近代の芸術家は芸術至上主義的な努力と現実的な生活の板挟みになっているという状況を確認する。

> 芸術家の芸術的精進は芸術家にとって運命的である。彼をして芸術の白道を一途に駆らしめるものは、彼の中に湧き上る純粋な創造への衝動であって、まだ見ぬ自己の双た児の頬笑みを見出さんとする形而上学的努力でもあるが、同時に、現実的な生活が又彼をかく追い立てるという事も忘却され塗沫されてはならない。芸術家の運命——それは常に生けるものとして彼を深淵の前に立たしめるもの——かかる運命とは、実は、芸術そのものに於ける理想と彼が実際的に営んでいる現実的生活の窮迫のいずれかであるか、又はその両者である。この二つのものは運命的なものとして芸術的活動の原動力となる。(2)

こうした現実と理想のギャップのテーゼは、既にモーツァルトやモディィリアーニなどの天才芸術家の伝説のなかでいささか食傷気味に何度も繰り返されているが、松下はこのギャップの克服を芸術論の要諦として位置づけようとする。

まずは理想と現実の落差を感じない状況と感じる状況があると指摘し、二つの状況をそれぞれゲーテ型、クライスト型またはヘルダーリン型と名づける。

一体芸術家の中には、芸術上の理想を着々と実現し、遂行する型とともに、又、理想に対する陶酔、理想の崩壊、崩壊に対する悲哀によって浸透され愴然として夕の街を散歩する型の芸術家も存在する。前者の例としてはゲーテ、後者の例としてはクライスト、ヘルデルリーンを挙げることが出来る。ゲーテ型に対しクライスト型又はヘルデルリーン型を対照せしめる時、人はここにあらゆる歴史と時代を通じて共通する、芸術家の二つの性格を見て取る事が出来るであろう。即ち楽天的と、悲劇的の二つの性格であって、この性格はそれぞれの生活を基礎として特色づけられたものである。ゲーテ型の芸術家は出発点に於て最後の勝利を予想し、その全生活とは勝利の実現の過程である。之に反し、クライスト型又はヘルデルリーン型の芸術家の生活は、なる程その芸術に対する態度は真摯であり、全生命を賭して芸術の理想の実現へと努力したのであるが、しかし、彼等の理想が高く持されていたのに拘らず、芸術的作品の点では未完成又は断片に近い結果に終っている。(3)

ここで注目したいのは、理想と現実の落差に苦悩する芸術家のタイプが「ヘルデルリーン型」と命名されている点である。第三章で触れたように、保田与重郎の批評の原点はヘルダーリンにあり、彼の「清らかな詩人」の言い方にしたがえば「現実と自己の対立」を埋められなかった芸術家としてヘルダーリンが規定された。初出の時期を見れば松下の「芸術と生活」は一九三二年に書かれ、保田の「清らかな詩人」が書かれた一九三四年より先なので、松下の批評から保田が刺激を受けたことが推測できる。さらに言えば、理想と現実の落差の有無で芸術の型を規定する思考は、保田が東大在学中に出席した大西克礼の演習のテクストとして選ばれたシラーの『素朴文学と情感文学』の議論を髣髴させる。

三　自然の好意――シェリングの天才論の受容

このように松下は芸術家の二つの型を規定した上で、悲劇的なヘルダーリン型と楽天的なゲーテ型とに通底する芸術の創造の秘訣を探究する。そのときに引き合いに出されるのがシェリングの天才論に他ならない。

やはり大東の筆名で『思想』に寄稿した論文「創作の問題」（一九三三年）のなかで松下は、ゲーテ型の芸術家が「高き御手」のもとにあることを確認する。

一体創作は、必ずしも、「高き御手」の導きによって、作品の完成へと進むものとは限らない。創作は、ある時は「慈恵ある自然《ナトゥラ・ベニグラ》」の下にて、ある時は「悪意ある自然《ナトゥラ・マリグナ》」の下にて、行われる。創作は、作家の意識的努力とか反省とかとは無関係に、成功に終ることもあれば失敗に終ることもある。故に、創作は、殆ど運命の力の下にあるということが出来る。……私は次にこの運命の力の感情の型《テュープス》として二つのもの、即ちゲーテ型とクライスト型を挙げる。ゲーテ型に於ては、作家は、常に、「高き御手」によって保護され、その創作は、一途に、作品の完成へと進んでゆく如く思われるのに対し、クライスト型に於ては、創作は、あたかも冷酷な魔女の手によって障害され、作品は断片的なものに粉砕される如く感じられる。(4)

ここでゲーテ型と対照される類型としてヘルダーリン型の名が消えることが気になるが、それはともかく、松下はクライスト型の芸術をゲーテ型と引けを取るものとは考えず、「高き御手」とは別に「自然の好意」というものが芸術の創作に必要だと主張する。松下がシェリングの『体系』に言及するのは、こうした文脈においてである。

創作に於ては、見知らぬ運命の力が作家に対して決定的な支配力を有する如く思われる。そして、傑作には、見知らぬ手によって、高度に「幸福にせられること」が欠くる事出来ない様である。創作に於て天才の問題が決定的重要さを有つ所以である。ここで我々は、かかる問題に対する深き思索を忘れなかったシェリングを、想起する必要がある。シェリングは、彼の『先験的観念論の体系』(一八〇〇）に於て、天才を、次の如く、規定している。「自由の働きなしに、そして云わば自由に反して、意識的なるものに対して客観的なるものを附け加える所の不可解なるものは天才（Genie）なる暗き概念を以て表される。」創作には、意識的活動以外に、無意識的活動が本質的な位置を占めている。天才とはこの無意識的活動である。天才は「自然の自由なる好意によってのみ生れつき与えられ得るもの」で、これによって「芸術に於けるポエジイ」もはじめて可能となる。彼も、創作に於ける運命の力に重要な力を認めている。その天才の概念も、この運命の力の感情より引き離しては理解されない。「不運な人間は、彼が欲する所の、或は意図する所のものを実行しないで、彼がその作用のもとに立っている所の、理解すべからざる運命によって実行せざるを得ない所のものを実行すると同様に、作家は、如何に彼が意図を有しているとしても、而も、彼の産出に於いて真に客観的である所のものに関しては、彼をすべての他の人より引き離して、彼自身は完全に洞見することが出来ず、又それの意味が無限である所の諸々の物を云い現わし又描写する様に彼に強いる所の或る力の下に立つ様に見える。」ここで天才とは自然の好意の下に立っている作家の能力を意味していて作家の意識的努力とか反省を越えている。(5)

この箇所は、ニーチェと較べれば明らかにアカデミズム研究の枠に押し込められがちなシェリング哲学を、アクチュアルな芸術論のなかではじめて位置づけているという点で特筆すべきものである。

とりあえず松下のこれまでの議論の歩みから、この箇所の意義を考えてみよう。先に松下は、ゲーテ型の芸術作品が「高き御手」の導きで完成されると述べた。この「高き御手」とは何であるかを松下ははっきり説明していないが、前後の文脈から推測するに、それは何か神的な力であろう。ただしその力は、芸術家の意識的努力を後押しするものであって、神的な力が芸術作品に加わることで作品が芸術家の意図と異なるものになることは想定されていない。だとすればここで言う「高き御手」は、芸術家の意識的努力の延長上にあるものだと考えられる。これに対しシェリングの言う天才の概念は、こうした「高き御手」とかなり性格を異にする。先に松下はクライスト型の芸術作品が「悪意ある自然」もしくは「冷酷な魔女の手」により未完成に終わると論じている。なるほど場合によっては「慈恵ある自然」の手が加わることで作品が完成することもあり得るのだが、「高き御手」が加わる場合とは異なり、芸術家の意図通りに作品が完成するとは限らない。つまりクライスト型の芸術作品は、まさしく「ある時は『慈恵ある自然』の下にて、ある時は『悪意ある自然』の下にて」創作されるものであり、この相反する二つの相を説明する概念がシェリングの言う天才なのである。

ここで問題になるシェリングの天才概念を、松下自身が説明を施す際に用いた語を用いて再度説明してみよう。第一章での議論を繰り返すことになるが、天才とは意識的活動と無意識的活動を結合する働きである。芸術作品を制作するためには技術が必要であり、それはわれわれの意識的努力で習得されるが、作品が真に芸術作品として相応しいものになるためには、われわれの意識的努力とは別次元の無意識的活動が付加されなければならない。この無意識的活動を作品に付け加えるものが天才である。ここで注意しなければならないのは、天才によって作品が完成する際、作品に付け加えられるべき無意識的活動はわれわれの意図とは異なる様相、あるいはこれに反する様相でなければならないことである。さもなければ無意識的活動はわれわれの意識的努力の延長上のものとなり、敢えて「無意識的」活動と呼ぶ必要はなくなる。こうした意識的努力の延長上のものにより完成される作品を松下は「高き御手」の導くゲーテ型の芸術作品と呼んでいる。これに対しクライスト型の芸術作品は、われわれの意図に反する様相を強調すれば「悪意ある自然」の手が加わっているように見えるが、実はその働きが意識的努力とは別次元で作品を完成させるという点を際立たせれば、「慈恵ある自然」が加わっていると解釈できる。そしてこうした自然の二つの側面を綜合して松下は「自然の好意」と呼ぶのである。

ここで松下が主張する天才、あるいは自然の好意は現代美学の展開から見ても興味深い問題を提示している。ドイツ観念論の研究者として著名なブプナーは現代美学の特徴として、真理が現前する場として芸術作品を考える作品概念が破壊されることを挙げる。もう少し芸術作品の創作の現場にそった言い方をすれば、そもそも芸術作品は芸術家の意図を反映するものだったが、デュシャンのレディー・メイドや最近流行の環境芸術は芸術家の意図の反映を裏切る方向で考えられている。その意味でこれらの現代芸術は作品概念を解体しようとしているが、他方でこれらの芸術がやはりデュシャンその他の作者と結びつけられている点を考慮すれば、それなりに作品の概念が保持されているとも言える。こうした作品概念の流動性をブプナーは「芸術と生との流動的な移行[6]」と呼ぶが、この状況が松下の言うところの天才概念と合致するのは明らかである。

四　深淵と天才の視点――保田による松下、中島の評価

以上のような松下の芸術論、そして第五章で取り上げた中島栄次郎の作家論を保田与重郎がどう評価しているかを見ておこう。「二つの論文（新しき芸術学への試み）――文学時評（コギト昭和七年七月号）」のなかでまず保田は、中島＝沖崎の「創作――自然主義と浪漫主義――」について次のように言う。

彼〔中島〕は人間の存在の仕方として三つを数える。死と生と愛である。それらを「過去性」と「現在性」と「未来性」として対応せしめる。そして芸術は「真に死を介しての愛、自然を介しての人間、自然主義を介しての浪曼主義、過去性を介しての未来性に於て、真実の芸術品は、『芸術家のもの』になる。そこに初めて創作の自由の喜びも現れる」。「それは過去性を介して未来性への尖端に『生きる』ものであるが故に、真実の芸術作品とは芸術家の全生命を荷負って立つものであろう」。ここでわれわれは「尖端」なる思想に容易に新しいベッカーなどの立場に通いを感ずるであろう。しかも「全生命を負うとは正しく深淵的存在である」のだ。かくして「作品は根拠を他に持たぬかぎり無限であり、同時に深淵に根差す限りに於てはまた有限である」。即ち芸術作品は「有限」と「無限」との統一となり、作家的主観と作品的客観との相互関係が真の作品に於ては「吾がもの」であると共に「他のもの」であるとして作品の独立性が作家を先ずうなずかせるのである。しかもこの深淵という

考えより進んで真実の芸術を彼の意味での「自然主義と浪曼主義の統一」として理解する。(7)

ここでの保田による中島の「創作――自然主義と浪漫主義――」の議論の整理は、保田の関心に即してかなり自由になされている。例えば保田が言及するオスカー・ベッカーに関する議論は、中島の論文には見出せない。それでもこの論文で中島が主題的に追求したシェリングの深淵に関する議論を保田が高く評価していることが分かる。ただし深淵を評価する際に保田は、中島が本来論じている自我と自然の関係を、作家と作品の関係にずらしている。その意図は、中島の「創作――自然主義と浪漫主義――」と本章で扱った松下＝大東の「芸術と生活」の次のような議論を関連づけて論じるためである。

まず「芸術学の新しき方向」に於て彼〔松下〕は何を方向としたか。彼はそれより先に創作に於て作家の体験した「人間的苦悩は客観的な芸術美と無関係である」と作家及び享受者の感傷に鋭い匕首を与える。彼は芸術家の型を楽天的と悲劇的に二分する（この概念を日常的に解してはならないことを警戒しつつ）。そしてここに於て「悲劇的」というべき系列の作家の作品、即ち「ヘルデルリーン型」「浪曼的傾向」の作家「敗北の芸術家」と云った「理想と現実のデイアレクチイクを体験せず」「芸術的情熱」の激しさから「遂に敗北に陥った芸術」を、その敗北への過程を明らかにしたのち、芸術の論理の学をそこより「着手しようとする」。何となれば「芸術の論理の学」は「芸術的対象の論理」でなく「芸術家の体験の論理」であるからである。……方法論上からとられる対象は完成された作品でなく、その意企は「天才への公共の通路を開く」ことであり、芸術家の体験を「範疇的に規定する」ことにある。ただ「芸術の論理」と「芸術家の論理」（芸術家の原始体験としての論理）は如何にして関係づけられ又組織されるか。又は「芸術的情熱」の構造は如何なるものか。それこそわれわれの問題であったし、それを解明せんと志すこの論文が一層新鮮な芸術学の方向を指す所以でもある。(8)

松下の論文を整理する際に「ヘルデルリーン」や「敗北」といった、後の保田自身のヘルダーリン論を特徴づける語がこの批評に現れていることが目につくが、ここで保田が主張しているのは、中島の言う「深淵」にはヘルダーリン型の完成されない芸術作品を正当化する「天才への公共の通路」とつながりがあるのではという指摘である。この指摘は昭和思想史におけるシェリング受容のあり方において大きな意味を持っている。なぜなら、先に中島栄次郎が亀井勝一郎のシェストフ論を意識するかたちでニーチェとシェリングの『自由論』を結びつけたが、その場合の『自由論』と、松下武雄がニーチェとは別の文脈で論じたシェリングの天才論を、保田が結合する役目を果たしたからである。第一章で論じたようにニーチェとシェリングは親近的な哲学者で、我が国ではニーチェ的な文脈でシェリングを読む傾向があるが、その傾向を意識的に論じたのが他ならぬ保田与重郎だと言うことができるのである。

それでは、昭和思想史の展開に大いに貢献した保田自身は、中島と松下の議論をどのように評価しているのだろうか。意外なことだが、保田は松下の説く天才論よりも中島の作家論的構図を高く評価している。

大東〔松下〕・沖崎〔中島〕が偶然にも考察の基本的内部構造に於て相共通の点を持っているのは久しくわれわれが手をたずさえて進んできた好ましい成果とも考えられる。ただ大東のものがより多く天才の道を拓くことにあったとすれば、沖崎にあっては日常性の人間から芸術するという高次的な存在へ近づきうる道を示すものだ。これは天才の道でなく凡人の芸術し得る道だ。私は沖崎の論文に於て鬱勃たる作家の態度を見る。それは作家としてのべられた芸術への道であろう(9)。

後年の保田の評論がしばしば神がかり的だと言われることを考え併せれば、ここで保田自身が「天才」という語を毛嫌いしていることは意外ではある。それはともかく、ここからは保田が目指した芸術は高踏的な外見とは裏腹に、ごく限られた才能のある者のためではなく凡人・大衆のためにあることがうかがえると同時に、松下の言う「天才」概念が天分を持った人間を指すものではないという、シェリング哲学の初歩的な知識を保田が有していないことが確認できればよい。いずれにせよ松下は保田からの批判を真摯に受け止め、保田の評価した中島流の作家論に急速に接近する。

五　天才からパトスへ——松下の三木への接近

実は松下は、先に取り上げた論文「創作の問題」のなかで保田からの批判にも応答し、シェリングの天才論の難点を次のように指摘する。

しかし乍ら、創作に於て根本的な役割を演ずる天才をかく自然の好意にのみゆだね、運命によって幸福にされたものとして作家の意識の外に措く事は、一面、新しい困難を惹き起こさぬであろうか。シェリング自身は勿論この無意識的なものも意識的活動を通してのみ同一性に迄実現される点を詳細に論じている。が、天才は、作家の意識とは独立に、見知らぬ手によって導かれ、「力を有つこと」以上に「自然の好意」を予想しなければならぬ時、人はひそかに宿命論と手をつなぐ危険をも蔵している。……然し、それと同時に、天才を作家の意識的努力又は反省の範囲内にのみ限局して、それの超越的側面を否定するのは本来の創作の意義を没却することであろう。天才を作家の意識に内在するとするなら、カントも指摘した如く、本来「創作」は「技術」と区別つかなくなるであろう。我々は天才の中に作家の意識に内在するとともに超越すると云う弁証法的構造を見出さねばならぬ。(10)

ここでの松下によるシェリングの天才概念への批判はきわめて秀逸なものである。先述のように保田は「天才」を「日常性の人間」と対比することで、図らずも芸術的天分に恵まれた個人を天才と見る通俗的な理解しかできていないことを暴露しているのに対し、松下は天才を「作家の意識の外」に置くことがある種の宿命論に屈服するのではないかという懸念を示しているからである。けれどもここで松下は、天才概念を手放してゲーテ型の「高き御手」の導きによる芸術作品のみを論じる立場に移行はしない。そこで松下は議論の出発点とされた敗北の作家に立ち返り、そこから作家の身体性の次元に注目する。

我々の右の疑問の要求を満足させる為には先ず作家の身体について考察すべきだと思う。創作に於ける作家の身体の重要さは従来余り考慮されなかった様である。作家は、創作に於て、常に身体を以て書くのである。又彼が創作に於て蒙るであろうところの運命の不興に対抗し得る唯一の方法も身体を以てするより以外にはないのである。すでに述べた作家的精神もこの身体性を離れては考え得られぬ。(11)

そしてこの身体性との関連でパトスについて論じられる。このパトスに対する視点の有無が松下および中島の進む道と、保田の行く道を分ける大きな分岐点となる。

かく身体を媒介として自己を実現する作家的精神を我々はかつてパトスと名づけた（拙稿「作家のパトスと作品の構造」——『コギト』第九号——参照）。パトスは昔のロマンティケルの考えた様な観想的ファンタジイとかゲミュートとかと異って、身体を背後にする行為的性格を担っている。創作の原動力はかかるパトスに他ならぬ。……パトスは肉体を媒介として自己を客観化する。作家の深き呼吸、激しき脈拍の中に人は必ずこの様なパトスの息吹を感じる。ゲーテはこのパトスをデーモンとして捉えている。……扨て、パトスは身体を媒介として自己を客観化するものであるが故に、身体の力の弱き場合、パトスは自己の力によって却って自己を傷け、悲劇的な結果となるのである。強烈なパトス程それ丈け強靱な身体を必要とするのであるが、若しも身体がパトスの強烈さに相応しい強靱さを有たねば、そこに身体の障害が不可避的に生じて来る。(12)

このようにパトスと身体性の観点に立った上で、先に論じられたクライスト型の芸術と天才概念が捉直される。

肉体的力を伴わぬパトスは作家に於ける単なる主観的真実に過ぎない。クライスト的体験の基礎をなしていたのはこの主観的真実である。単なる主観的真実には強靱な肉体的力が欠けている故に、それは自己のイデーを充分に客観化することが出来ないのである。……故に、一般に、創作性の根拠としてパトスを数える時、単なる主観的真実としてのパトスと身体を媒介とする客観的パトスとを先ず区別して考えねばならぬ。このパトスの二つの在り方の中――前者は抽象態、後者は真実態――後者即ち客観性を有つパトスこそさきに規定した天才の概念の中に暗々裡に予想していたところのものである。[13]

このように松下はパトスと身体性を結合することで、議論の枠組を芸術論から作家論にシフトさせ新たな批評の地平を切り開こうとするのだが、その後押しをしたのが三木清の評論である。このことは松下自身が「最近『作品』紙上に時々発表されつつある三木清氏の所論も矢張り文学論を主体的なるものより初めようとする一企画とし〔て〕注目すべきものがある。しかし現在のところ氏は覚え書風の〔断〕片的作品しか発表されていないのであるから我々は氏の未来の営為を期待して置こう[14]」と書いていることからも明らかである。

「創作の問題」に関して興味深いのは、松下と保田の間の三木に対する関心の違いである。つまり、松下が保田による批判を受けシェリングの天才概念を改訂し、さらに三木のパトス論を受容して中島栄次郎の作家論に接近するのに対し、保田は第七章で論じるように三木のパトス論よりも彼のミュトス論に関心を抱いているという違いである。この路線の違いが『コギト』における保田の立場を孤立化することになり、ひいては「日本主義的」な批評に保田を向かわしめる遠因となるのだが、この話をする前に三〇年代の三木の批評の傾向を明らかにしていきたい。なぜならこの時期の三木の批評は、雑誌『コギト』に多大な影響を与えただけでなく、第二章と第三章で扱った世代間でのニーチェ受容の食い違いの問題にも一石を投じているからである。この問題を踏まえた上で、今一度保田と三木の関係について考察してゆきたい。

第七章　三木清の新しいヒューマニズムの及ぼした雑誌『コギト』への影響

一　文学的エッセーの視点

　第二章で既に触れたことだが、三木清は狭い意味での京都学派には含められないものの、京都学派の正嫡と見なされるべき西谷啓治はおろか、西田の正統的な後継者と目される田辺元よりも知名度の高い哲学者である。そうした有名さゆえに三木は多くの批判にさらされていた。本書は三木の研究書ではないのでその批判を逐次検討することはしないが、大雑把に言えば当時のマルクス主義者の側からは彼のマルクス主義の理解の不十分さが、近年の社会思想研究者からは東亜協同体論をもとに昭和研究会を組織したことへの責任が槍玉に上げられている。こうした批判はなるほどマルクス主義を信奉する側からすれば大変重大なことかもしれないが、やはり第二章で述べたように、三木の思想を外側から見ている印象は否めない。以前に比べればマルクス主義への関心が小さくなった現在、三木哲学をもう少し生産的な議論に載せる時期が来ているように思われる。

　そこで注目したいのが、三〇年代において三木が当時の文壇の動向を彼なりの哲学的概念を通じて分析してみせた数々のエッセーである。これらのエッセーでは、それまでの文学のなかでは漠然としか考えられてこなかった哲学的な事柄が、当時の最新の哲学あるいは伝統的哲学の枠組のなかに置き直され、そこからその時代の進むべき指針が示されているように思われるからである。第一章と第二章で「哲学」と「文学」の中間に位置するものとして「思想」が語られるべきではないかと述べたが、その「思想」の見地で意識的に批評活動をしたのは三木清を嚆矢とすると言って過言ではない。

三木と文学との関係については、雑誌『コギト』の中心的な三人を論じる第四章から第六章までのなかで若干触れてきた。本章は三木と『コギト』との関係を主題的に論じるが、その前に三木が第三章で取り上げたシェストフによるニーチェ理解をどのように評価していたかを考察したい。三木は第二章で若干触れた唐木順三のように実存主義的な関心を強く持っているが、むしろ三木のニーチェ理解は第二章で論じた生田長江的なヒューマニスティックなもので、こうした思想の理解の仕方も『コギト』に影響を与えたからである。このようなニーチェ理解を見た後に、三木の『コギト』に与えた影響、および保田の三木に対する複雑な態度を考えてゆきたい。

二　ヒューマニスティックなシェストフ理解

ニーチェとドストエフスキーを論じたレフ・シェストフの『悲劇の哲学』が我が国でどのように受容されたかは、既に第三章で論じている。繰り返せば、多くの若者は自分たちがついさっきまで信奉していた共産主義からの転向を正当化する論理を、シェストフから読み取ったのである。その代表的存在が周知のように亀井勝一郎である。こうしたニヒリスティックなニーチェ理解に対し、三木は題名がそのまま流行語になったエッセー「シェストフ的不安」（一九三四年）において、必ずしもニヒリズムに直結しない不安の見地に立ってシェストフの議論を評価している。

不安の文学、不安の哲学は、しばしば懐疑論とか厭世論とかいう風に無造作に批評されている。しかしこの不安は単なる厭世の如きものではないであろう。シェストフは、運命について探究したドストイェフスキーの主人公たちが、キリロフの場合を除き、誰も自殺しなかったことを指摘している。キリロフにしても、彼がみずから生を奪ったのは、生から逃れるためでなく、自分の力を試すためであった。彼等は生が如何に重く彼等に負いかぶさろうとも生の忘却を求めはしなかった。またもし懐疑が真理はないとして探究を断念することであるとしたならば、この場合懐疑というのも正しくはない。……不安の文学、不安の哲学は、その本質において、非日常的なリアリティを探究する文学、哲学である。それ故にもしかような文学や哲学に対して批判を行うべきであるとすれば、批判は何よりもリアリティの問題の根幹に触れねばならぬ。かくしてまた本来の不安を憂鬱、低徊、焦燥などの日常的な心理から区別することが必要である。不安は単に心理的なものでなくて形而上学的なものである。(1)

ここで三木は、シェストフの『悲劇の哲学』でドストエフスキーの小説の登場人物がほとんど自殺していないことが強調されていることに注意を促しているが、このことは第五章で扱った「レアリズムの精神」で中島栄次郎が「作家は決して自殺しない」と書いていることと通底しているように思われる。それどころか、この論文で中島が追求している「レアリズム」は三木の提起した「非日常的なリアリティ」の問題を受けたものとさえ考えられる。

なるほど中島の「レアリズムの精神」の執筆時期は三木の「シェストフ的不安」よりも先ではあるが、

この辺りに松下ほどには顕在的ではないものの、中島の三木から受けた影響のほどがうかがい知れる。とりあえずは三木の「シェストフ的不安」がその題名の印象とは逆に、「不安」という語から連想される「憂鬱、低徊、焦燥などの日常的な心理」とは別次元の問題を扱っていることに注意したい。このことで示唆されるのは、シェストフの『悲劇の哲学』は亀井勝一郎のように共産主義からの転向に由来する精神的動揺を読み取るべきではなく、むしろ第三章で取り上げた河上徹太郎と同様に、シェストフはヨーロッパに伝統的な合理的精神を体現している作家だということである。もちろん三木は、一般に不安の問題から連想される実存主義のことを全く考えていないわけではない。それどころか彼は、『悲劇の哲学』がハイデガー、ヤスパースといった当時最新の実存哲学者と同様の問題を扱っていることを同じエッセーのなかで指摘さえしている。[2] けれども他方で三木は、シェストフの議論から実存哲学者とは正反対の、人間性一般への信頼に基づいた見方を読み取っている。

> 常識やコンヴェンションは我々すべてが自然に有するところのものである。科学は我々すべてを規定する真理を示し、理性は我々すべてが従うべき規範を命令する。それらはみな何等かの意味において、或いはカント的な「意識一般」の意味において、或いはハイデッガー的な「ひと」即ち平均的な、日常的な意味において、「我々すべて」にかかわる。……常識、コンヴェンション、科学、理性を一緒にして、それらの性質を同一のように考えるのは、認識論的に甚だしい混同であるといわれるであろう。しかしシェストフは、そのような認識論そのものがすでに「我々すべて」或いは「人間一般」の

見地に立っている、と考える。かくして自明性に対する争は、「我々すべて」に対する「個別的な、生きた人間」の争である。(3)

こうした論調から見て、三木の姿勢にヒューマニズムという名前を付することはそれほど不適当ではないだろう。実際に彼は、「シェストフ的不安」とほぼ同時期に「ネオヒューマニズムの問題と文学」(一九三三年)というエッセーを書き、そのなかで不安の思想は新しいヒューマニズムに向かわなければならない旨のことを主張する。

すこし以前私は不安の思想とその超克について論じ、現代の文学と哲学とに共通する態度及び方法の主要なものを分析し、そのひとつの結論として、新しい人間タイプの構成ということに及んだ。これはいうまでもなく、より広い関連と立場とにおいて考察されねばならないことであって、その場合すぐに思い附かれるのはネオヒューマニズムの問題であろう。……ネオヒューマニズムのもとに理解すべきは何よりも新しい人間性の探求、人間の新しいタイプへの努力であり、それはかような探求と努力とを文学においても期待するものでなければならぬ。……ルネサンスの仕事がよく言われるように「個人の発見」にあったとすれば、新しいヒューマニズムの問題はむしろ社会的人間でなければならぬであろう。けれどもそこでは単にいわゆる「社会」のみが問題になるのでなく、ヒューマニズムはもとよりヒューマニズムとして人間性の問題を割引して考えることを許されていない。かくして新し

いヒューマニズムにとっては社会性と人間性との結合ということがその中心的問題であるべき筈である。(4)

改めて解説する必要のない文章だが、ここで三木は社会性と人間性の結合が「新しいヒューマニズム」の課題だと言っている。その際彼は「単にいわゆる『社会』のみ」を問題にする立場に批判的に言及しているが、ここで三木の念頭に置かれているのは明らかにマルクス主義である。こうしたヒューマニズムとマルクス主義の微妙な折衷を図ろうとする三木の立場を考えるとき、彼に似た態度として想起されるのが第二章で扱った生田長江である。たった今挙げた引用の冒頭に「超克」の名が出ているのは偶然ではない。やはり第二章のなかで、三木が長江の追悼文に書いた「氏のうちには遥かに強い人道的欲求があった。氏のうちには遥かに強い人道主義的要求があった。しかし純粋に理想的な人道主義者となるにしては氏には自然主義的要素が多かった」という一節は、「自然主義」を「マルクス主義」に置き換えれば三木清自身の立場の説明になると述べたが、このことも今までの経緯を踏まえれば納得のゆくものとなるだろう。

第三章の末尾で述べたように、ニーチェ理解については生田長江的なヒューマニスティックな理解とシェストフを介した亀井勝一郎的なニヒリスティックな理解とが対立し、これに世代的な対立が絡んでくると述べたが、この事情も考慮に入れて昭和思想史における三木清の立場を捉え直せば、ともするとニヒリスティックに理解される昭和のシェストフのニーチェ理解を、三木は長江に代表される大正的な理解に引き戻そうとしたと考えることができる。

三　パトスからミュトスへ――文学の社会的次元

けれども、「ネオヒューマニズムの問題と文学」の叙述だけでは、三木の目指す新しいヒューマニズムのイメージが今一つ浮かんでこない。そこで彼がこのエッセーの前後に書いた複数の文章をもとにして、こちらでそのイメージを提示してみたい。

イメージを描く上で一つのキーワードとなるのが「パトス」という語である。一般に「パトス」と言えば、それは個人的な情念を連想させるため、三木が思い描く社会性と人間性の結合の理想からほど遠いように思われる。けれども三木は「イデオロギーとパトロギー」（一九三三年）において、パトスには人間の意識の背後にある深く広い問題をカヴァーする面があることを強調する。

さて私の意見によると、人間の意識はロゴスとパトスという相反する方向のものから弁証法的に構成されていると考えられねばならぬ。一方は客体的な意識であり、他方は主体的な意識である。そしてロゴス的意識にいろいろな種類と段階があるように、パトス的意識にもさまざまの種類と段階が区別されるだろう。ロゴス的意識が、感性知覚の如きものから思惟の方向に次第に高まるに従って、その対象性或いは客観性を次第に増してゆくのとは反対に、パトス的意識は、主体的方向に次第に深まるに従って、その対象を失い、次第に無対象になってゆくと考えることができる。そこに両者の対立が最も明瞭に現れる。一定の対象、従って一定の表象に結び附いているようなパトスはなお浅薄だといえる。深いパトスはむしろ対象を含まないものであり、かような無対象なパトスとして、たとえばあの運命の意識、原罪の意識などは解釈さるべきものである。我々が普通に意識といっているのはすべて何物かの意識であり、従って対象を含む意識であるとすれば、かような無対象なパトスは意識とは見られず、むしろ意識下のもの、いわゆる無意識と考えられるであろう。かような無対象なパトスに表現を与えるものが芸術である(5)。

こうしたパトスの規定が、「文学における世代の問題」(一九三三年)では世代の理論に取り入れられる。三木は世代を単に同時期に生を受けたという生物学的事実として規定するにとどまらず、ある種の歴史的なものが考慮されなければならないと考える。ただし、この場合の歴史的なものは、マルクス主義のように個人から超越した類的存在を想定するのではなく、個人に出発しつつ個人を凌駕する契機が世代のなかで考えられなければならないというのである。このように三木は世代の理論として歴史を取り上げた後、次のような言い方でパトスの契機を重要視する。

第二、世代の理論は文化の形成においてパトスの意味を重要視するものでなければならぬ。パトスというのは主体的に規定された意識、内的自然乃至内的身体によって規定された意識である。文化は理性的なもの、ロゴス的なものであるとする立場にとっては世代の問題は多くの意義を有し得ない。例えば現代の文化哲学として知られる新カント派の哲学は、すべての文化はいわゆる文化価値を担うものであると説いているが、この場合価値は文化の含む普遍妥当的な理性内容、非性格的なロゴス的意味にほかならず、従ってかくの如き価値哲学的立場においては世代の理論は歴史及び文化に関する生物学主義として単純に排斥されるのほかないであろう。……いずれの文化においても、そのうちにそれの生産者の「人間」、この人間の「性格」が表現されていると考え、これを重んずるのでなければならぬ。このような人間といい性格というのはパトス的なものにほかならない。第三、世代はいうまでもなく個人ではない。……世代の基礎と考えられる根源的な物質としての主体は単に個人的なものではなく、社会的なものでなければならぬ。それは個人的身体のことでなく、却って社会的身体、社会的物質ともいうべきものである。主体はいわゆる主観のことではなく、却って主観・客観的と考えられる人間を包むものである。世代は我々の外部にある社会ではない。社会的世代はパトスを共に分つことによって形作られる。(6)

このように、一見すると個人の内面にしか関わらないパトスが個人を超えた社会的次元を有することが強調された後に、そうしたパトスを含むものとして「ミュトス」が唱えられる。

文明にとっての根本的範疇が「発見」であるとすれば、文化にとってのそれは「創造」である。蓋し文明の意味はロゴス的意味であり、このものは対象的なもの、既にあるもの、従って発見されるものであるが、文化の含む意味は創造されるものであって、この意味の理解もまたつねにそれ自身ひとつの創造的作用である。無から有が生じる意味がなければ創造とはいわれない。運命というものに突き当ったとき創造は始まる。文学は単に知ることではなく、作ることである。作ることはつねに身体的なものと結び附いている。創造もしくは創作の基礎はパトスである。デモンの協働なしには芸術作品はないといわれるとき、デモンとはあの内的自然もしくは内的身体のことであろう。デモンは外部から干渉する力ではない、それは人間の性格と離れ難く結び附いている。しかるに注意すべきことには、このような創作的なものこそ実はまた伝統的なものである。文学にとっては科学の場合などとは比較にならぬほど伝統というものが重要な意味をもっている。最も創作的なものが同時に最も伝統的なものであるという一見矛盾したことがらは、伝統ということも創造ということと同じくパトスを基礎としているということによって説明される。伝統は合理的な、理性的な作用であるよりもパトスにもとづくのである。伝統と創造のいずれの場合にもパトスから生まれるミュトスがその根柢にある……。(7)

以上引用した箇所で「ミュトス」の語が出てくるのは唐突な印象を与えるが、芸術的創造という場合の「創造」の原義を突き詰めれば神話的な「無からの創造」に行き着くこと、そしてシェストフないしニーチェの思想が広い意味での無を扱っていることを考慮すれば、この文脈で「ミュトス」を論じるのはそれなりに首肯できることだろう。ここでの三木の主張で独創的なのは、通常は個人の営みと思われる文学を、個人的な次元を超えたパトスと、世代の問題を介せば社会的次元を持つミュトスを用いて、社会的な問題にまで高めたことである。だとすれば、こうしたパトスとミュトスを備えた文学活動を通して、新しいヒューマニズムが形成されるべきだと三木は考えていることが推測される。

以上挙げた三〇年代に書かれた四つの文学的エッセーを見れば分かるように、この時期の三木は哲学と文学の関係の考察において、二つの大きな貢献をしている。一つは、三〇年代当時は直前のマルクス主義の隆盛により忘れられつつあったヒューマニスティックな関心により、シェストフおよびニーチェを評価したことである。このことは亀井勝一郎に代表される共産主義からの転向の正当化としてシェストフおよびニーチェを扱うのではなく、彼らをヒューマニズムの文脈に乗せる視点を与えたことを意味する。現在もなお社会を考察する際はしばしばマルクス主義を拠り所にする傾向が強いが、必ずしもマルクス主義には直結しない社会構想を打ち出した最初の論者として三木を捉えることが可能であろう(8)。

三木のなしたもう一つの貢献は、ややもすると社会とは別次元に置かれる文学ないし芸術の営みを、パトスとミュトスの概念を介して社会的な文脈に布置したことである。とりわけ三木によるパトスの捉え方には、しばしば個人の一時的な激情と同一視する通俗的な理解に較べて卓越したものがある。こうしたパトスの理解、そしてパトスに基づくミュトスの理解が雑誌『コギト』に与えた影響は計り知れない。

四　保田における「パトス」と「ミュトス」

ただし、三木が『コギト』に与えた影響は、その中心メンバーである保田与重郎と、松下武雄、中島栄次郎とでは幾ばくかの差が存在する。このうち、三木と松下の関係については、本章で挙げた三木の文章と第六章で扱った松下の文章を比較すればその用語法が近似的なことが一目瞭然なので、ここでは立ち入らない。その代わり、三木の文学エッセーに対する保田の反応と、保田と中島の対立から垣間見られる問題から、三木と保田の関係を考察してゆきたい。

保田が三木について詳しく論評するのは、「深さへの探求——三十三年の文学評論——」においてである。

現実の矛盾そのものをみつめるか——そこにたしかに今日の一つのリアリズムは成立する、もしくば現実を超越するロマンテイシズムに立たない限り、主体的真実は方法的に成立せぬのでなかろうかと考える。勿論ここで示された客観的真は日常的な誤謬に対するものではなくさらに深い真であるとしてである。しかもこうした場合客観的真はどこへおちつくのであろうか。作家主体と大きい距離をもつイデーを描かんとするところからある一派の文学は作家的破綻に陥った。大体ここ最近の理論はこの作家主体と現実世界の落差を主題とした。現実との落差を純粋に考えるか、或いは之を社会学的尺度を以て計るかに真面目な今日の文学論は存在する。僕らの考えるリアリズムは作家と作品のへだたりを除き、作家に於ける世界観以上にリアールの精神を尊重するのである。作家が真実に体験し、真実に見ていない世界を描くことは不可能である。そしてこの方法は今日のリアリズムである。しかるに三木的方法論は「文芸」創刊号の三木氏のネオヒユマニズムの主張によって文学上に於ける社会的人間の原理の提証となった。ここに於て僕らも亦希望したところの、方法としてのリアリズムへの近よりが感じられる。方法としての原来のリアリズムは所謂思想とか世界観ではない。リアリズム（文学上の）むしろそれらの地盤であり、パトスをパトスたらしめる世界である。ここに於て三木氏の主体とか客体の真というものはどう処置せられるかに大きい興味がある。(9)

この叙述は、保田が三木の所説をかなり自分の側に引きつけて論じている印象を与えている。まずは保田の足場を確認しておこう。「作家主体と現実世界の落差」という表現は第四章で話題にしたヘルダーリン論に見られる「現実と自己の対立」を踏まえたものであるし、「今日のリアリズム」についての言及は第五章で扱った中島栄次郎の「レアリズムの精神」を踏まえてのものだろう。このような基盤に立った上で、保田は敢えてリアリズムではなく「現実を超越するロマンテイシズム」を主張するのだが、ここで注意しなければならないのは、彼の主張する「主体的真実」が「客観的真」と対立させられていることである。この見方は三木がプロレタリア文学との論争のなかで提起した図式であり、それを踏まえて保田は「客観的真」として想定される「社会学的尺度」および「思想とか世界観」が「主体的真実」を追求するロマン主義と相容れないと考える。他方で保田は、三木が「パトス」という語を導入することで、主体から出発しながら個人的な主体には収まり切れないある種の社会性を考察する立場を打ち出していると見なし、三木の立場を自ら提唱するロマン主義の援軍になるものとして捉えるのである。この時点での保田の三木に対する態度は、彼のパトス論を重視する点で『コギト』の有力メンバーである松下や中島と一致すると考えていいだろう。

けれども三木による保田の評価は、保田による三木の好意的な評価とは対照的に、まことにつれないものであった。「浪漫主義の台頭」（一九三四年）のなかで三木は、キルケゴールの言を借りて『日本浪曼派』の主張するアイロニーを強く批判する。

アイロニーにおいて主観は消極的に自由である、なぜなら主観に内容を与うべき現実はそこにないのであるから。主観は与えられた現実がそのうちに主観を縛る束縛から自由である、主観は消極的に自由であって、かかるものとして浮動的である。このような自由、このような浮動が人々に或る感激を与える、なぜなら彼等はいわば無限の可能性に酔っているのであるから。キェルケゴールがアイロニーを説明したこれらの言葉は、今日の日本の青年浪漫主義者の心理をかなり適切に説明していないであろうか。この人々は現状に対する反抗者である。このことは誰も尊敬をもって認めねばならぬ。彼等のアイロニーはそこから生れる。然しながらその反抗は具体的な、限定された現実に対するものではなく、寧ろ無限定な反抗であるというのがその特徴である。それは無限なる否定である、なぜならそれは無限定であるから。現実は狭隘卑小なものとして感ぜられるが、如何なる原因に限定されてそうであるのかは客観的に考察されることなく、それ故に現実と云っても無限定なものに過ぎない。彼らの戦いは一定の戦線というものをもたぬ。然しフロントをもたない戦いは戦いと云われ得るであろうか。[10]

引用文の後半でロマン主義に限定がないと断ずる三木の批判の仕方はキルケゴールというよりヘーゲル的だが、こうした物言いから三木が真剣に文学論を語り合う相手として選ばれるのが保田をはじめとするロマン主義者でないことがうかがえよう。[11] とはいえ、保田の立場から言わせれば、三木が言うほど「一定の戦線」を持たずに手をこまねいたわけではない。ここで詳細を示すことはできないが、『コギト』の誌面には日本浪曼派等に対する違和感を感じた論者の評論も断続的に掲載されているし、「人民文庫・日本浪曼派討論会」では「日本的なもの」をめぐる活発な議論が交わされ、そのなかで保田と人民文庫側の高見順の間にある種の心の交流がなされている。[12] けれども、昭和の一時期に活発な批評活動をおこない、平野謙や吉本隆明等に高く評価されている井上良雄が「協同の営為」への不参加をはっきり表明したことが象徴するように、[13] 保田の主張する協同の営為＝日本浪曼派が最初彼が想定していたほどの広がりを持たなかったことは認めざるを得ない。その意味で三木がロマン派になした批判は的中したと言ってよい。後年の保田が三木清のことを「言いたくない人の名」[14] と言ったのは、こうした経緯があってのことと思われる。

しかし保田は、以上のようなロマン派批判を三木によりなされたことで三木の批評からの吸収を止めたわけではなかった。やはり「浪漫主義の台頭」のなかで三木が、次のようなかたちで「ミュトス」の視点を打ち出していることに注目すべきである。

今の時代が転換期であるとすれば、この時代はそれ自身において或浪漫的な性格を具えている筈である。私は嘗てネオヒューマニズムの問題と文学について論じ(『文芸』創刊号)、次の如く書いたことがある。「現代はまことに多くのミュトスを包蔵している時代であり、そこに、あらゆるリアリズムの提唱にも拘らず、現代のロマンチシズム的性格がある。このことは如何なるリアリズムの唱道者も見逃してはならないことである。」ここで云ったミュトスは浪漫主義者の欲するように「夢」という語によって置き換えられてもよい。ただミュトスは個人的な夢のことでなく、本来社会的なものであり、社会的ミュトスとして我々にとって重要性をもっている。然るに浪漫主義者は芸術的天才性を強調することによって、その主張のうちには芸術至上主義の傾向が甚だ濃厚であり、夢とか理想とかもそのような立場において詩的個人的なものと考えられているに過ぎないのではないかと疑われる。(15)

ここで三木は、ロマン主義におけるイロニーの限界を指摘する一方で、ロマン主義の主張するミュトス=神話についての共感を表明している。この考え方のもとになっているのは、先述のような三木独自のパトス論である。もう一度繰り返せば、三木にとってパトスは個人に限定された主観的な激情ではなく、むしろ個人を超越した社会的な次元を指し示したものである。こうした三木の言説を通して保田は、自らの批評の原点をシュレーゲル流のイロニー論から社会的ミュトスに定めるようになる。

五　社会的ミュトスか、作家的パトスか——保田と中島の対立

既に見てきたように、三木清の一連の文学的エッセーは雑誌『コギト』の中心的な三人に大きな影響を及ぼしている。特に三木の示したパトス論は、ともすると個人の問題に限定されがちな文学論に社会的な広がりを示した点で、保田与重郎、松下武雄、中島栄次郎の三人に一つの転機を与えている。ただし、パトスをどのように受容するかで保田と、松下および中島の両人とではいささか見解を異にしている。結論を先取りすれば、松下と中島の二人はパトスの問題を作家の創作の原動力の問題に限定して論じるのに対し、保田は三木の示唆した「社会的ミュトス」という発想に刺激され、これにやはり三木の提起した世代論を絡めた独特の批評スタイルを確立する。これこそが「当麻曼陀羅」に始まるいわゆる「日本主義的」批評であり、第四章で触れた橋川文三や桶谷秀昭を魅了した後年の保田与重郎の姿なのである。

まずは松下と中島の路線について論じておこう。第六章で述べたように当初の松下は中島の作家論のスタンスとは違って、作品論というかたちで作品との関係から芸術家ないし作家を論じるという、中島と較べれば社会的な意味合いを持つ批評を構想していた。このことは現実と芸術のギャップに悩む芸術

家の類型にヘルダーリンやクライストの名を挙げたことからも裏づけることができる。けれどもこうした松下の態度に対し保田は、松下の議論が依拠するシェリングの天才論が社会的次元を看過していると指摘した。この批判を受けて松下は三木のパトス論を取り込むことで、むしろ中島の作家論に接近するようになる。後述するようにシェリングの天才概念に社会的な側面がないという保田の批判はシェリング哲学の理解としてはきわめて浅薄だと思われるが、天才概念一般に批判的だという点で保田と三木が一致しているのは、言説の変遷を考えるといささか奇妙な事態ではある。それはともかく、三人のなかで作家論というスタイルを堅持している点で中島が首尾一貫していることは特筆してよい。これに対して保田は、最初の中島の試みについては好意的であるものの、三木から社会的ミュトスの着想を得てからは、中島の作家論という枠組に批判的になる。

まずは保田が評価した「創作――自然主義と浪漫主義――」以降の中島の批評について見ておこう。そこまでの中島の批評の経緯を今一度復習すれば、「創作――自然主義と浪漫主義――」において彼は、描写される自然と描写する自我の距離をなくすためにシェリング的な無底へと「躍入」し、無底を通り抜けることで自然を「吾がもの」とすることができると説いた。こうして自然を手に入れた自我は、もはや従来通りの自我と自然の対立構図を超えた存在であり、「レアリズムの精神」の言い方にしたがえば、不安に踏みとどまることで得られた感動が新しい自我のうちにある。こうした議論を前提にして中島は、沖崎名で書いた「言語の形而上学とロマンの問題」(一九三三年)において、作家的主体ではなく言語に定位した新しい批評の開拓を試みる。それは、現実を肉体化したものが言語だという批評である。

レアリズムに根ざすロマンはあくまでも自律的なものとして考えられた。作家にとって真実とは現実そのものではなくして、現実をそのまま自己の肉体にしたものがそれであった。即ちロマンとは過去の自己を執拗に切離して、自己を投げ企てるものであり、深き生の思考のもがきから新しい自己の肉体をつきつけるものであった。従って言語を選択することは自己の新しい肉体を形づくることでなければならぬ。(16)

この批評の画期的な点は、言語を選択する仕方についての次のような考察にある。

従来の文学論の教えたことは言語選択とは比較的自己の目的に近い言語を選ぶということであった。「比較的」とは何を意味するのか。「目的に近い」とは何を談る事か。かかる文学論はエピゴーネンにのみ当たる文学論でなかろうか。作家は潔癖である、「人のペンで書かない」少しも不純な「目的に近い」言語は偉大な作家の嫌うところである。選択するというのは言語を唯物化するという事でなければならぬ。言語は作家にとって常に唯物的にならしめられねばならぬものである。作家が多くの言語の中から選びだすというのは、単に比較的目的に近いという意味だけでなすのではなくして、同一の単語にしてもその結合によって全然新しい肉体とするという意味によってなすのである。(17)

文中に出てくる言語の「唯物化」という言い方はいささか奇妙に聞こえるが、前後の文脈から判断すれば、作家の恣意的な選択によって言語が選択されるのではなく、作家の目的に直結し作家的主観とは独立した言語の選択という意味合いが「唯物化」に込められていると思われる。この考え方は同時に、中島が「創作」において自然と自我の間の距離をなくして自然の「無底」へと躍入する「創作——自然主義と浪漫主義——」の議論を踏まえてのものである。こうした唯物的な言語観から、保田の立場が批判を受ける。

保田与重郎氏が言語を懐疑し、言語をかくまで作家のためらいにまで解消したいと考えられるようであるが、それは一応は正しい作家の道といい得る。だが談られた言語を解消し、作家が書くまでのためらいそのものに表現としての言語はないのではなかろうか。ためらいを書くという事は先にものべた如く一つの新しいロマンの提唱であって、保田氏に対して私は賛意を示したい。だが「ためらいを書く」ことは「かくことをためらう」こととは別である。「書くことをためらう」とは言語の選択であり、「ためらいを書く」ことは選択が終わって言語が唯物化されたことであらねばならぬ。前者は経過であり、後者は成果である。[18]

こうした中島からの批判に対して保田は、「文学時評（コギト昭和八年八月号）」のなかで次のように応じる。

〔中島〕氏は僕の一一号の所説を生が内外からうける「ためらい」と解された。従って氏の現実を借りて自己の肉体とする立場と、（ここに氏の唯物言語の概念があるらしいが）現実と自己の錯乱の心情を自己の肉体とすることとどれ程の差があるかと称する。正しくこの意味に於ては「ためらい」と称するものはわずかに素材の問題となるであろう。しかし僕が専らのべようとしたのは、生に於ける内外の不安の心情でなくして、作家に於ける、作家が作家としてもつ特殊な意識的心情的情勢であった。作家が作品と緊密に結びつく場所、即ち作家が作品を自己の原始の作品から投げだす、その仕方に於てであった。[19]

ここまでの応答で保田は、松下の「創作の問題」を思わせる作家と作品の関係を論じることで中島の所説にすり寄る構えを見せている。けれども、この後に続く次のような文は、保田が中島との距離を規定するようにも読める。

唯物言語という沖崎〔＝中島〕氏の見解を、僕は近来最も明敏なものと考えるところである。しかし僕が「ためらい」と称した作家的な危機の意識、つまりそれが正しく作家のミュトスにまでへ上るものであるが、——僕らは宗教に入った多くの天才的な同時に反省的な作家を知っている——……このものの中に僕は作品の原型とも称すべきものを考える。[20]

「ミュトス」の語から三木清の提唱する「社会的ミュトス」の残響が聞き取れるが、だとすればここでの保田と中島における「ためらい」の位置づけの問題は、両者における三木の所説の読み方の力点の置き方の差異に還元できるように思われる。中島の「言語の形而上学とロマンの問題」は「言語の唯物化」をテーマとしている点で言語論を扱っているように見えるが、その中身は言語を作家自身の肉体とする点に注目すれば、一種の身体論と読むことができる。こうした身体への着目は、第六章で扱った松下が「創作の問題」で提示した作家の身体性の議論に重なり、そしてこの着想は三木清のパトス論に連なるものである。これに対して保田の場合は、中島の作家論の視点に一定の敬意を払ってはいるものの、最終的に彼が主題化したいことは、作家の肉体や身体性ではなく「作家のミュトス」とでも言うべき、ある種の社会性を持った次元を持ったものである。そしてこの次元も、三木が「文学における世代の問題」で示唆し「浪漫主義の台頭」でも肯定的に評価した「社会的ミュトス」を踏まえたものである。

このように雑誌『コギト』における文芸批評の路線の対立は、パトスを重視する中島・松下とミュトスを重視する保田の間で顕在化しつつあった。ただし松下と保田の関係については、先述のように松下が夭折するまでの間シェリングの『芸術哲学』の翻訳に専念し、保田が文芸時評よりも「日本主義的」評論に向かうため、両者の間で議論が深められることはなかった。このことは、『コギト』に定位してシェリングのみならず三木哲学の受容の面から昭和思想史を考察する立場からすれば、きわめて残念だと言わざるを得ない。

六 「不安の精神」の世代論的考察――「当麻曼陀羅」の視座

以上、シェリングの受容の面から見た雑誌『コギト』の展開を見てきた。第四章の冒頭でも触れたように、保田の言説の核心は橋川文三や桶谷秀昭の言うような「日本主義的」批評ではなく、川村二郎が言うところのドイツ・ロマン派的なものだということが裏づけられたと思える。ただし、川村の言うように、たとえ保田の批評が「当時のドイツ文学研究者たちの追随を許さぬ深み」に達したとしても、それは保田の力だけではなく、同人である中島栄次郎、松下武雄らの助力があってのものだということは、改めて繰り返すまでもないことであろう。さらに、彼らの仕事を通じてシェリングやニーチェ、そして三木清の思想が保田の血肉となったことに鑑みれば、保田与重郎は一部で騒がれるほどの天才肌の批評家ではなく、彼もまた凡百な人間と同様自らの思想を展開するために悪戦苦闘したと言うべきなのである。

こうしたことを認めたとしても、やはり後年の保田の「日本主義的」批評のオリジナリティを高く評価し、本書で問題にしたドイツ・ロマン派からの影響は枝葉末節ではないかと反論する読者が少なからずいると思われる。こうした反論に対しては、保田による最初の「日本主義的」批評である「当麻曼陀羅」（一九三三年）においてでさえ、中島や松下との論争、三木哲学の受容の跡が見られることを強調したい。

ここで保田は、奈良県の当麻寺に伝わる曼陀羅の成立時期が奈良時代とする通説に対して鎌倉時代だとする議論を展開する。この問題は現在では奈良時代を成立時期とすることで決着しているが、ここで問題にしたいのは保田がこの議論を展開する際に、やや場違いであることを承知しつつ、中島や松下の所説に触れていることである。

一体芸術のあらわすレアールとは何であろうか。それは時代の精神とか、時代の生活とか、時代の雰囲気とか、時代の心情とか、或いは時代の苦悩悲劇等々の言辞でつらねられる。思うに一つの切々と心うつ何ものかでなくてはならない。如何に今日の人間と生活の外相を描いても、そこで文学として示されたものは全然今日から遠いものであるかもしれない。そして私はかかる心に響いて切々たるものそのものに時代の文学の示した関心があると考える。かかるものを最近の私らの同じ仲間はモラリテという言葉で呼んでいる。……私はかかるものの作家的立場を「リアリズムの意識」と呼んだ。中島栄次郎君は最近のエッセでそれを「感動」と呼んでいる。この「感動」は「感傷」に対立する。素朴な古典精神への還元である。……松下武雄君がかつてのべた純粋文学の方向の示すところも一応かかる作家の原始の精神ととり得ると私は考える。(21)

ここまでの保田の議論は、自分が「レアール」と考えるものが『コギト』の仲間の論じるものと同じだということである。ことに中島の所論については、第五章で扱った「レアリズムの精神」からだということは容易に知られる。
けれどもここから保田は、『コギト』の二人とは位相の異なる、美術史的な議論を展開し始める。

当麻曼陀羅がどんな精神史的位置をもつかを考えることも、一つにこの文学（芸術）のレアールからでなくてはならない。それは単に流布する内容とか意味といった見地からではない。その一つの作品が筋がきされて、それによってなおのべ得る見解でない。……当曼の成立——というのは文亀当曼形式の成立を鎌倉時代にとると私は早急に断言するのではない。しかしかく考える相当の理由は、浄土信仰史からも考えられる。ただ茲で私の語りたいのは、かかる美術史的に大きい問題ではなく、芸術と芸術のレアールの関係についてであった。……それは今日わが国で述べられている不安の文学の問題へ一つの考察を私の信じるところから考えるという意味に過ぎない。私はこの方向をのべるために、鎌倉という時代を選ぼうとした。(22)

引用箇所の少し前で保田は松下の「創作の問題」を踏まえるかのように作家と作品の関係を論じており、またこの箇所では「不安の文学」という、亀井勝一郎が提唱し三木清と中島栄次郎が論評を加えたトポスが提示されてはいる。こうした議論を美術史の問題に持ち込むことに保田の大胆さがうかがえる。
それでは、保田にとって鎌倉とはどういう時代なのだろうか。ここで彼は、この時代を「不安の精神」から把握しようとする。

さしあたって鎌倉という時代がどんな精神史的時代のものであったかを、その政治的性格から詳述することを私は今の必要としない。例えば文学史の事実を拾っても、方丈記、十六夜日記などの出現がみられる。保元、平治、平家、源平などの軍記物の現すモラリテが、一つの心うつ心情に点綴され、勇壮に交えられた悲哀と悲劇、おびただしい大衆を描写する無常迅速の精神はまず八百年今日の私らの心をうたで止まない。それを単に仏教無常観の影響とか、或いはその皮相見解として除き去るのは不可能である。蓋しかかるものがこの時代にあらわれたということはおおいがたく厳然たる事実である。まさしく鎌倉こそ一つの不安の精神の代表する時代であった。しかしそれをただ精神の上から眺めて、この時代の芸術の世界を直ちに不安の芸術の時代とのべることは出来ない。ところがまことにそこでは不安の芸術が示されている。むしろ鎌倉時代の作品がかかるものとして私らの関心の上に上ってきたところに、当面のなにより確実な一つの事実が考えられるのである(23)。

この箇所で大事なのは「不安の芸術の時代」と「不安の芸術」を区別することである。保田は明らかに「不安の文学」を念頭に置き、「不安」の語をキーワードにして鎌倉時代の芸術を説明しようとするが、そこで彼がしようとしていることは鎌倉文化の歴史上の客観的な評価ではなく、現在のわれわれにもつながる「不安の精神」を鎌倉美術に見届けることである。したがって、時代の客観的評価とも批評家の主観的評価とも言いがたい論点を保田は提示しようとしている。

こうした保田の立場を最も適切に説明しているのが、先述の三木清による世代論的説明である。「文学における世代の問題」で触れたように三木は、世代の問題を単に生物学的に同時期に生まれた事実から考察されるべきではなく、ある種の歴史的な蓄積のもとで捉えられなければならないことを強調するとともに、個人的なものに限定されない身体性、つまりは社会的身体と呼ばれるべきものが世代において考慮されなければならないと論じる。こうした「社会的身体」が「浪漫主義の台頭」では「社会的ミュトス」と言い換えられ、ロマン主義が陥りがちな主観的で限定のない夢想的思考から脱する道筋として、三木が保田に示唆したと考えられるのではないかと思われる。なるほど、「当麻曼陀羅」自体には「ミュトス」という語が認められないのだが、「当麻曼陀羅」前後に保田の書いたエッセー「中島栄次郎に」（一九三四年）では、次のような文脈でミュトスについて言及していることに注意したい。

カントの哲学の性格がシェリング的なミュトスをもっていても（ためらい）カントがその矛盾のまえに何らの概念的統一をあらわにつとめていないことをこの頃思いついた。時のフランスで理解された「人間」がひっきょうカントの「人間」だったらしい。僕には「自由」という呼び声がいかにはっきりした行動の原理だったかわかった。僕らは何よりもカントを理解するためにはフランス革命政府の理性教を理解せねばならないのではないか。どんな時代でも作家は最も純粋に時代と精神の崖ぎわへ投げやられていたのではなかろうか。それは生の本来の不安ではなく情勢の不安だ、絶対に二者は分離できない。崖に立った人の状形描写の一つ一つから僕は、芸術の哲学が出発してゆくのではないと思っている。(24)

多少比喩的な表現も見受けられるが、ここで保田はその後の批評のスタイルの源泉を比較的率直に披露しているように思われる。フランス革命で主張された「人間」は革命政府の「理性教」のもとで理解すべきだという論点は、三木の提唱するネオヒューマニズムの主張に近い。そして「理性教」という語は、現在ではシェリングが起草に関わったとされる『ドイツ観念論の体系計画』に出てくる「理性の神話」を連想させる。『ドイツ観念論の体系計画』は一九一七年にローゼンツヴァイクにより発見されたもので、三〇年代当時に生きていた保田がこれを知っていたかどうかはかなり微妙なのだが、友人の松下が「理性の神話」の別名の「新しい神話」に触れたシェリングの『芸術哲学』を翻訳していたのだから、シェリングの神話論について保田が何らかの事情を知っていたことは間違いない。なお「新しい神話」は、ポエジーとの関連で本書の終わり近くでもう一度取り上げる。

こうした三木の世代論とシェリングの神話論を結合した見地から、保田は今後の批評活動をおこなうことを宣言する。次に挙げる「中島栄次郎に」の箇所は、パトスの問題を作家という個人的身体性に限定しようとした中島からの訣別宣言と読める。

「当麻曼陀羅」みたいなものは今後書きたいと思っている。なるべく理論はザッハリッヒである方がいい。勝手な論理的要請と結論など仕方ないと思う。すぐれた文学論ないし芸術論、美学が、いつも歴史上の作品の評価分析からはっきりしたモラリテをもって出発したということを、このわかりきった事実を僕らの時代はわすれていた。(25)

この文章を書いた後の保田は、敬愛する詩人ヘルダーリンを除けばシェリングも含めたドイツ・ロマン派に関わる人名にほとんど論及しなくなり、「戴冠詩人の御一人者」、「日本の橋」、「後鳥羽院」、「芭蕉」といった一連の「日本主義的」批評への道をひた走る。(26) これに対して松下武雄はまもなく病死し、中島栄次郎は戦死するまでの短い年月を「言語の唯物化」の論理の彫琢に努め、保田流の「日本主義」に背を向けた。第四章で挙げた久野収の言う中島栄次郎の状況とはこのことである。とはいえ、保田与重郎の批評の原点が雑誌『コギト』同人の二人からのドイツ・ロマン派思想の吸収と三木清の批判的理解にあったことは否定しようがなく、保田の批評に愛着を感じる読者の誰もがこの事実を真摯に受け止めるべきである。

第八章　反近代の思想

西谷啓治と唐木順三を貫くニーチェ＝シェリング的なもの

一　昭和思想史における西谷の位置

第四章から第七章まで、昭和思想史の見地から我が国のシェリング受容の観点で保田与重郎および彼の属する雑誌『コギト』の中島栄次郎、松下武雄の所論を扱ってきた。それによれば保田は、中島がシェリングの『自由論』に見出した無底の思想と松下が『体系』に見届けた天才の問題を結合する視点を提示する一方で、三木清の提唱する新しいヒューマニズムに関するエッセーから示唆を受けて、天才の陥りがちな主観的傾向から脱した「ミュトス」の視点を打ち出した。既に述べたように保田は中島、松下に較べればドイツ語力に秀でておらず、また彼の天才概念の理解も通俗的な水準を超えたものではないが、現在でも別個に論じられるきらいのあるシェリングの『自由論』と『芸術哲学』のトピックを結びつける見解を打ち出したことは、大いに評価されるべきだと思われる。

こうした保田の高い評価に対し、あくまでも厳密な意味での「哲学」の展開を主張する論者の多くは怪訝な思いを抱くことが予想される。その立場によれば、シェリング哲学の最大の理解者は何と言っても京都学派の哲学者である西谷啓治であり、西谷の精緻な議論に比べれば最終的には「日本主義的」な批評家になった保田の意見など検討するに値しないのではないか、というのである。なるほど、シェリング哲学の我が国への紹介者としての西谷の位置は比類のないものだということには全く異論はない。第一章でも触れたように西谷啓治はシェリングの主著『自由論』の初訳者であり、またその翻訳とともに著したシェリング哲学の紹介文である「シェリング略伝」は簡にして要を得たものであって、この二点だけをとっても日本哲学史における西谷の功績は不朽なものだと言えるからである[1]。

けれども現在のシェリング研究の水準から見れば、西谷の翻訳はともかく、彼によるシェリング哲学の紹介の仕方にはいささかバランスを欠いたところが見受けられる。具体的に言えば、「シェリング略伝」におけるシェリング哲学の紹介は時期的には『自由論』までに限定され、その後に続く『神話の哲学』、『啓示の哲学』には触れていないのである。こうした西谷の態度が、第一章で取り上げた(2)に相当するキリスト教の立場からシェリング哲学に興味を抱く人たちの不満を呼び込んでいるのである。もちろん「シェリング略伝」はあくまでも『自由論』の翻訳の理解の一助となるように書かれたものであって、シェリング哲学全般の紹介を目論んだものではないと言うことはできるかもしれない。けれども、その後の西谷の思索をたどれば、彼のシェリングへの興味はやはり『自由論』までのものであり、それどころか後年になると、シェリングよりも『自由論』で言及されるドイツ神秘思想家の一人であるヤーコプ・ベーメ、さらにはマイスター・エックハルトの方に関心が移っているようにすら見える。考えようによっては、西谷にとってシェリング研究は、ドイツ神秘思想研究のための通過点でしかなかったかのようにさえ思われる。

こうした西谷のシェリング哲学への冷淡さは、実は初期の思索においても確認することができる。例えば彼の最初の哲学論文と見なされる「シェリングの絶対的観念論とベルグソンの純粋持続」（一九二四年）で西谷は、シェリングよりもベルクソンを高く評価し、しかもそのベルクソン評価もフィヒテ哲学への高い評価と表裏一体であって、フィヒテを批判することで世に出たシェリング哲学への論及は二次的なものだという印象を与えているからである。

他方でこのような西谷の哲学的関心は、三〇年代の思想動向から切り離して捉えられるべきではない。大学アカデミズム外で西谷と生涯親交を結んだ友人に、第二章で触れた評論家である唐木順三がいる。唐木は卒業論文でベルクソンを取り上げ、卒業後は文芸批評家としてシェストフ的な関心で不安の文学を盛んに論じている。唐木のこうした思索の変遷は、卒論でやはりベルクソンを取り上げ、博士論文の一部でニーチェを論じる西谷の動向ときわめて似通っている。しかも後年の二人は、洋の東西の差はあれ、中世思想への関心を育んでいる点まで共通している(2)。

それゆえ本章では先ず、西谷の関心がシェリングよりもベルクソンに対して大きいことを示し、次いでこの傾向が唐木と似通っていることを立証する。そして唐木を貫くシェストフ的なニーチェ理解が西谷にも胚胎することを述べる。既に第二章で論じたように、シェストフのニーチェ理解は、亀井勝一郎を典型と見なす場合は、生田長江の理解とは違って反近代的、反ヒューマニズム的なものである。それゆえこうした傾向が二人を中世への沈潜へ向かわせるモチーフとなったことが推測されるのである。このように唐木との対比で西谷の思索の動向を捉えれば、保田が長江の影響を受けた三木清の新しいヒューマニズムとシェリングを結合したのに比すると、西谷はむしろ反近代的なニーチェ理解を思索の源泉としており、保田ほどはシェリングから多くを学んでいないという結論が自ずと導かれる。

二　シェリングに対するフィヒテの優位——初期西谷の論点

まずはシェリングの評価に注目しつつ「シェリングの絶対的観念論とベルグソンの純粋持続」の概要を見ておこう。この論文の冒頭で西谷は、当時最新の哲学者であるベルクソンの創造的進化をアリストテレスのエンテレケイアに相当する学説として高く評価する一方で、ベルクソン以前の哲学をプラトン的なものとして批判する見地を打ち出す。そしてこの見地により批判される哲学者としてシェリングが選ばれていることに注意しなければならない。

この論文で西谷は、シェリングの多くの著作のうちで前期思想に属する『体系』、同一哲学期に属する『ブルーノ』、『学問論』を取り上げ、これらの著作が広い意味でのフィヒテ批判を目指すものの、その試みは決して成功していないと断じる。つまり『体系』はその方法論においてまだフィヒテ知識学の影響から脱し切れてはいないし、同一哲学期に属する二つの著作はフィヒテ知識学の形式性を批判するものの、ヘーゲルが『精神現象学』で述べた有名な「全ての牛が黒くなる闇夜」として批判される形式性は同一哲学にも妥当すると言う。これに較べてフィヒテ知識学は、多くの点でベルクソン哲学に似ていると西谷は強調する。

〔ベルクソンにおいて〕自由とは具体的自我とその行う行為との関係である。この関係は吾々が自由であるというその理由の故に定義し得ぬものである。物は分析し得るかも知れぬ、併し分析し得ぬ。延長は分解し得るかも知れぬが持続にはなし得ぬのである。強いてなさんとすれば過程は物となり、持続は延長となり、具体的時間は同質的時間となる。かかる為されたる事実には自発性もなく自由もない。併し自由は事実である。事実のうちこれより明かなるものはない、吾々は自ら働くことによって之を内面的に自知するのである。

而してこれは正にフィヒテの知的直観の特質であった。事行に於ては働くことによって知るのである、生産することによって直観するのである。……かくして吾々はフィヒテの事行に内容を加えて、単に主観的であるというシェリングの批難よりこれを拯うと同時に、これを絶対的立場より見れば、絶対者の静的統一の間に於て恰も砂漠を流るる河の如く、その一ケ処より流れ出でてまた同じ砂漠のうちに自ら消え去る如きものとなる危険を脱せしめ得ぬであろうか。ベルグソンは吾々がその中に浸り、それより絶えず糧を吸収する生命の海を説く。(3)

この論述で注意したいのは、通常の哲学史の叙述ではシェリングにより克服された形態と見なされるフィヒテの知識学が、ベルクソン哲学と類似していることを理由に高く評価されていることである。周知のようにフィヒテは絶対的自我のみを絶対的だと考える主観的観念論を説いているが、この考え方は空間的な表象を排した純粋持続を論じるベルクソンに近いと西谷は主張する。こうした広い意味での主観性を主張するときに直ちに問題になるのは、純粋持続であれ絶対的自我であれ、そうした活動を阻止する実在性の根拠はどこにあるのかということである。この難問に対して西谷はシェリングの『自由論』を持ち出し、シェリングの言う意欲の実在性がフィヒテの絶対的自我を補完する旨を論じている。けれども、ベルクソン批判にも直結するこの論点がベルクソン思想内においてどのような位置づけをなされるべきかを西谷はここで明らかにしていない。

三　西谷、西田、田辺におけるフィヒテとシェリング

このように見れば西谷啓治の論文「シェリングの絶対的観念論とベルグソンの純粋持続」は、その題名に反してシェリングとベルクソンを対比的に論じているというよりも、むしろフィヒテとベルクソンを同様の立場だと見立てて、その立場からシェリングの前期思想の不備を突くという内容であることが分かる。ここで気になるのは、フィヒテとベルクソンを同列に扱う西谷の発想が何に由来するかということである。フィヒテとシェリングを対比的に扱うのはドイツ観念論を論じる上での定石とも言えるが、時代も国も違う二人の哲学者を同等と見なす視点を西谷はどこから得たのだろうか。

この着想の由来を精確に言い当てることは難しいが、一つ注意したいのは西谷の師である西田幾多郎が「自覚に於ける直観と反省」（以下、「反省」と略記）（一九一七年）の序において、次のように書いていることである。

余が此論文の稿を起した目的は余の所謂自覚的体系の形式に依ってすべての実在を考え、之に依って現今哲学の重要なる問題と思われる価値と存在、意味と事実との結合を説明して見ようというのであった。無論、余の自覚というのは心理学者の所謂自覚という如きものではない、先験的自我の自覚である。フィヒテの所謂事行 Tathandlung の如きものである。……若し此目的を達するを得ば、フィヒテに新らしき意味を与うることに依って、現今のカント学派とベルグソンとを深き根抵から結合することができると思うたのである。(4)

この序を西田が書いた後、弟子の木村素衛が一九三〇年にフィヒテの主著『全知識学の基礎』の翻訳を出版するが、その序に師の西田が次のような序を寄せていることにも注意したい。

若し私自身のことを一言するを許されるならば、嘗てベルグソンの如き立場とリッケルトの如き立場との統一に苦心した私は、それをフィヒテの事行に求めた。数年前までは、私は尚フィヒテの旗印の下に立っていたものと云ってよい。今日といえどもフィヒテを離れたのではないが、唯フィヒテの事行的発展の背後にプロチノスのそれに類する自己自身を見るものを求め、かかる立場からフィヒテの事行的発展の思想をも包摂したいと思うのである。(5)

引用文中に出てくる「リッケルト」は新カント派の哲学者だから、この序での西田の弁明はその前に引用した「反省」の序を踏まえたものだということが分かる。フィヒテ哲学の研究者である岡田勝明は「反省」の序から『全知識学の基礎』の序までの西田の態度の変化をフィヒテ評価の後退として受け止めているが[6]、西谷哲学の展開に興味を持つ側からすれば、フィヒテとベルクソンを同列に扱う発想を西谷が西田の立場から受容したことがここから容易に推測できる。

このことを踏まえてもう一つ言えるのは、後年にドイツ神秘主義の研究に勤しむようになってからの西谷によるプロティノスへの高い評価も、西田に由来するのではないかということである。このことは西谷のシェリング理解のあり方を左右する問題である。なぜなら、第一章で触れたようにシェリングは『自由論』において、自らの立場をプロティノスの発出論とは一線を画したものとする議論をしているからである。つまり発出論は悪の根拠を善から遠いところにあることを消極的に説明するだけで、悪を積極的に選択することの意味を強調する自らの主張と相容れないとシェリングは批判しているのである。そうなると、プロティノスを評価することと『自由論』を重視することの間には、ある種の齟齬がきたすことになるだろう。

この問題をいち早く察知したのが田辺元に他ならない。周知のように田辺はもともと新カント派に定位した科学哲学者として研究をスタートさせたが、昭和に入って治安維持法が最初に適用された京都学連事件が自らの勤務する京大で発生したことに大きな衝撃を受け、共産主義運動に傾く学生を理解しようとして弁証法の研究に転じた。この研究が後期田辺哲学にとって重要な種の論理や懺悔道としての哲学というかたちで結実してゆくのだが、そういう田辺の弁証法理解にとってシェリングが大きな位置を占めたことに注意を促したい。

このことは『ヘーゲル哲学と弁証法』に収められる論文が書かれる経緯から知られることである。この書に収められる「弁証法の論理」（一九二七―二九年）において田辺は、ヘーゲル哲学は当人の主張とは裏腹に論理的反省の域から脱していないと述べ、そのことで三木清、戸坂潤といったいわゆる西田左派からの強い批判を受けたが、田辺は彼らの批判からマルクス主義へと傾かずに、むしろカントに弁証法理解の鍵を見出そうとする。氷見潔の言い方にしたがえば、三木の使用する唯物弁証法に基づく実践や存在の概念に田辺は「同調せず、むしろカント的批判哲学・道徳論という自らの従来の拠り所を更めて強調するような仕方で、『実践＝道徳』、『存在＝人格的存在』という解釈を呈示[7]」するのである。

田辺によるシェリングの評価も、道徳や人格的存在を重視するカント的な観点の延長上にある。やはり『ヘーゲル哲学と弁証法』に収められた「行為と歴史、及び弁証法のこれに対する関係」（一九二九年）のなかでシェリングは次のように位置づけられる。

我々の採るべき具体的なる立脚地となるのは、実在と観念、自然と意識、非合理性と合理性、暗黒と光明、との内面的二元性を含む所のシェリング的観念実在論 Idealrealismus に外ならない。弁証法はその展開の原理となるのである。単なる観念論でも単なる実在論乃至唯物論でもなくして、存在に於ける観念と実在との内面的二元性を認める所の観念実在論こそ、弁証法の本質的地盤を成すものというべきであろう[8]。

続く「道徳の主体と弁証法的自由」（一九三〇年）になると、田辺はカントよりもシェリングを高く評価するにまでなる。

彼〔カント〕の宗教論に繋がる思索を以て人間的自由の問題を究明しようとしたシェリングの自由意志論が、悪に対する自由の可能と現実とを議論の中心にしたのは、カントの思想の不足を補って、その残せる問題を取上げたものと云ってよかろう。(9)

四　発出論批判をめぐる西田、田辺、西谷

こうしたシェリングに対する高い評価を与えた論文が書かれた時期の前後に、田辺があの有名な「西田先生の教えを仰ぐ」（一九三〇年）を発表したことは、看過されてはならない事実である。この論文は、それまで友好的な関係にあった西田と田辺の間に亀裂を生んだものとしてしばしばスキャンダラスに論評されているが、田辺のこれまでの思索の足跡を丹念にたどれば、彼がこの論文で主張しているのはむしろ、「弁証法の論理」以降苦闘してきた田辺なりの弁証法の受容の帰結であることが分かる。「西田先生の教えを仰ぐ」における田辺の重要な論点は、西田哲学をプロティノス哲学に見立てた上で西田が発出論の誤りに陥っているのではないかという指摘である。

哲学の立場から絶対無の自覚の場所が思惟せられるときには、それより具体性を減じた被限定的存在を含み、それの自己自身に由る自覚的限定として此等が理解せられる如き、最後のものとして定立せられるのである。……これは正にプロティノスの一者から順次に drei Hypostaten が思惟せられたのと軌を一にするものではないか。……如何にノエシス的超越というも、之を絶対無の自覚の場所とし、その自己自身に由る限定として諸段階の一般者とそれに於ける存在とを思惟するならば、それは一種の発出論的構成たるに於て、プロティノスの哲学と軌を一にするものといわねばなるまい[10]。

この批判の仕方は、繰り返すが当時の田辺が高く評価していたシェリングの『自由論』におけるプロティノス批判を踏襲したものと考えるのが自然である。そして先に挙げた引用によれば、西田はプロティノスによりフィヒテ知識学の難点を克服する姿勢を鮮明にしているのだから、こうした田辺の西田批判は西田自身にとっても単なる言いがかりでは済まされない側面があると思われる。田辺からのこうした批判に対して西田は「私の絶対無の自覚的限定というもの」（一九三一年）のなかで「非合理に自己自身を限定する無の自覚的限定を基礎とする点に於て、私はヘーゲルの考よりも寧ろシェリングの後期の考えに近いと云ってよい[11]」と応酬するが、その後西田の論述のなかで後期シェリングのモティーフが主題化されていないことに鑑みれば、ここでの西田の反論の意図は、田辺との論争を考察する際にシェリングが重要なことを内外に知らせることだと思われる。

他方で田辺の事情を考えれば、「西田先生の教えを仰ぐ」において重要なのは西田哲学の構造的問題を指摘するというよりも、田辺にとって西田哲学が弁証法的たり得るかということである。なぜならば田辺は「弁証法の論理」において既に、ヘーゲルの論理学の形式主義的傾向を次のように批判しているからである。

本来論理の立場からいえば概念は明晰判明なる内容を以って対象化せられる普遍を意味すべきものなのであって、ヘーゲルの論理に於けるごとく一切万有を包む無限定の、対象化すべからざる普遍を意味するものとするのは、ヘーゲル自身がシェリングに対して下した非難を自らに招こうとするものではあるまいか(12)。

ここで田辺が試みているヘーゲル批判の仕方には、通常の哲学史におけるヘーゲルとシェリングの関係の理解に比すれば意味深長なものがある。西谷の論文を分析する際にも断ったように、ヘーゲルはシェリングの同一哲学を形式主義的だと批判したが、ここで田辺は『自由論』の時代の眼からすればヘーゲルこそが形式主義的だと反論しているからである。しかも田辺はヘーゲルの論理学に対して「一切万有を包む無限定の、対象化すべからざる普遍」という具合に、西田哲学のメルクマールである絶対無を思わせる表現を与えている。同じ「弁証法の論理」のなかで田辺はヘーゲル論理学の特徴として発出性を挙げてこれを否定的に評価していることにも鑑みれば、田辺はこうしたヘーゲル批判の線で西田哲学を批判していると考えるのが穏当なところだろう。

もちろん田辺が念頭に置いている弁証法は、ヘーゲルよりもシェリングやカントを重視するという通常の弁証法理解とは異質なものだから、田辺がヘーゲルならびに西田に対して弁証法的ではないと批判することは、現在の西洋哲学研究の流儀からすれば大いに問題のある言い方である。けれども批判される西田の側も、ベルクソンとリッカートを総合する立場としてフィヒテの名を挙げるという、田辺に劣らず哲学史的常識から外れたかなり大胆な哲学的図式を呈示しているのだから、西田と田辺の論争は西洋哲学の受容の確かさとは別な次元で論じられるべきものだろう。

こうした西田と田辺の論争に対して西谷がどういう態度を取っているかははっきりしていない[13]。ただ一つ興味深いのは、両者の論争の興奮が冷め止まぬ時期に書かれた「神秘思想史」(一九三二年)のなかで、西谷が発出論を次のように擁護していることである。

一般に或るものが他のものから生み出されてあると云う時、そのものの本質には恒に両面が見られる。生み出されたもの自身から見れば、その本質は飽くまで自らのうちに見られる自らの本質であるが、然もその裏面から見れば、本質は生み出されたもの自身の生産力に外ならない。序論に挙げた流れの源の譬の如く、根源的自己と自己の根元とは一つのものの両面である。逆に生み出したものから見れば、それの生産力は或るものを生み出すと同時に、そのものの本質をなす。そして自らを観るという時、実はかかる両面の一つである如きものを見るのである。……第一の noesis から第二の noesis が「流れ出る」とは、かかる構造をもった事柄である。それは、恰も火自身のうちにその本質をなす熱から、他のものを温める第二の熱が発散する如く、また光そのものである太陽から、他のものを照らす第二の光が放射する如くである……。(14)

ここで西谷は、恐らくは田辺による西田批判を念頭に置いて、発出論＝流出説が従来思われているように、高いところから低いところに流れるという自然的なイメージで捉えられることを極力否定しているように思われる。けれども、こうした発出論をシェリングが十分理解した上で批判しているかどうかについての判断を、西谷は保留している。その態度からは、当時の西谷にとって重要なのはシェリング哲学の正しい理解というよりも、『自由論』と接点のあるドイツ神秘主義と新プラトン主義の考察であり、またその延長線上にある西田哲学の擁護であるように受け止められる。少なくとも西谷は、西田の呈示したフィヒテ哲学の不備をプロティノスで補うという路線で思考していて、真の弁証法的思考を求めて悪戦苦闘する田辺の姿勢は眼中にないかのようにさえ見える。

既に第四章から第七章までで見てきたように、田辺の門下生である中島栄次郎と松下武雄はロマン主義受容に立った批評活動を通じて三木の新しいヒューマニズムを摂取し、広い意味での弁証法的思考を模索していた。こうした状況を念頭に入れれば、あくまでも西田哲学の擁護に専念するあまり、田辺がせっかく指摘したシェリングを弁証法的に理解する観点を、そもそもはシェリング研究者であるはずの西谷が真剣に検討しなかったことは、昭和思想史の展開にとって不幸な出来事だと言わざるを得ない。

五　主体的リアリズムの視点――唐木順三の場合

けれども他方で西谷啓治は、京大の親しい友人たちの間で催した座談会「世界史的立場と日本」のみならず、日本浪曼派と文学界グループも交えた企画「近代の超克」にも積極的に参加しており、この点を強調すれば西谷は必ずしも西田哲学の護教的立場に満足できなかったと考えることもできる。その場合に西谷のよって立ったものは一体何なのか。

これを解く鍵は西谷の友人である唐木順三の著作活動のなかにある。まず注意しなければならないのは、唐木が卒業論文のテーマとして選んだ哲学者が、ある意味では西谷がシェリングよりも関心を抱いているベルクソンだということである。『哲学研究』に掲載された卒業論文「ベルグソンに於ける時間と永遠」（一九二七年）のなかで唐木は、西谷と同様にベルクソンの主張する純粋持続の問題を追求しつつ、時間を超えた永遠についての考察をアウグスティヌス、スピノザ、シュライアーマッハーの議論などを交えながら深めている。その後批評家としての道を選んでからの唐木は、ベルクソンを含めたフランス哲学への言及を控え、第三章で論じたシェストフに関連する議論に次第に没入してゆく。

例えば、文学的エッセーに分類されるべき文章「自然、創作、批評」（一九三三年）を取り上げてみよう。ここで唐木はまず、次のような保田と見紛ごうばかりの議論を展開している。

さて、このような、批評に於ける二つの態度――作家もまた自然への批評家である――、即ち、自然、或は作品にどこまでも負けてゆく道と、自然、或は作品をどこまでも否定せらるべき材料としてゆく道との合するところはないであろうか。若しこの問題を現実主義と理想主義との、写実主義と浪漫主義との、或は客体と主体との二元として、或は二元の統一への要求として提出すれば、我々の前には無数の論文が既に答を与えてくれている。が、果してそれらは統一への要請、或は希求以上に出たであろうか。感性と理性とを、自然と主体とを、あらかじめ二元として規定し、そしてその上に両者を統一せんとする試みは、折衷以上に出ることが果して可能なのであろうか。我々はたとえば、シラーの『素朴の文学と感傷の文学』をみよう。(15)

ここで唐木は、保田が東大美学科の在籍中に演習のテキストとされたシラーの論文を引き合いに出している。保田の方も幾つかの文芸批評の文章のなかで唐木を好意的に評価している。しかも唐木は、一時期は保田も傾倒した三木の新しいヒューマニズムに関連する議論を同じ「自然、創作、批評」のなかで述べている。

最近、我国の創作上の問題として云々されるに至ったパトス的意識とロゴス的意識の弁証法、即ち主体的リアリズムの主張は、この二つの方向の現代的統一への試論ということが出来る。若しそれが、単に自由なる悟性によって考えられた論説にすぎないならば、シラーとの間に本質的な差異はない筈である。が、我々がそれを特に現代的と呼び、それに期待をおくのは、それがシラーの考えられた要請、或は悟性能力の信頼の上に生れた要請と異り、常に表現的実体、表現的自我、表現的階級に対する信頼の上に生れているからである。(16)

けれどもこの直後の唐木の議論は、三木的なヒューマニズムな方向よりも、ドストエフスキーへの強い共鳴に向かってゆく。

主体的リアリズムの先駆の一人として新しい注意を引いているドストエフスキーは、晩年、プウシキンに就てなした有名な講演に於て、ロシヤの民衆への限りない信頼を示している。それは西欧主義者への訣別であり、ロシヤ精神──彼によれば、ただそれのみが将来の全世界的、全人類的精神であった──の真実の体得者であるロシヤ民衆への親愛と期待の上に生れたものであった。「来るべき未来のロシヤ人になるということは、次のことを意味する。それはヨーロッパのさまざまな矛盾に最終的な和解をもたらし、全人類的な、一切を結合させるところのロシヤ精神の中にヨーロッパの悩みの解決策のあることを示し、同胞的な愛によって私たちのすべての同胞をその中に収容し、究極においては、全人類の調和という、最終的なことばを口にするという目的に向って突き進むのである」と彼は情熱に充ちて語っている。ドストエフスキーの諸著作は、西欧的なるものとロシヤ的なるものとの葛藤と、次第に後者が前者を掩ってゆく過程としてもみることが出来る。そしてこの一八八〇年の講演は、それを顕わな意識のもとに結晶させたものであろう(17)。

同じ「自然、創作、批評」のなかで唐木がシェストフの「無からの創造」に言及することに鑑みれば、ここでのドストエフスキー解釈もシェストフ受容の延長上にあることが推測される。さらに注意すべきは、唐木がドストエフスキーにおける非西欧的な傾向に愛着を示していることである。第二章で触れたように、唐木は和辻哲郎のニーチェ理解が近代のニヒリズムの無理解のもとに立っていると批判するが、このことは「自然、創作、批評」における西欧主義者への嫌悪感と軌を一にしているように思われる。そしてこの立場が「主体的リアリズム」と命名されることは、淵源をたどれば生田長江に行き着く保田や三木の新しいヒューマニズムとは異なる傾向を導くことになる。

六　根源的主体性の視点――西谷啓治の立場

西谷啓治も近代に対する強い否定的な態度を示す点では、唐木と同様である。戦後になるが、西谷はドストエフスキーのニヒリズムについて主題的に論及する著作を残しているし、座談会では否定的なニュアンスを込めてはいるが、シェストフについてコメントをしている(18)。この控えめな反応は、読みようによってはシェストフから西谷が大きな影響を受けたことの証左である。このことは、シェストフがドストエフスキーとともに論じたニーチェについて西谷が高い評価を与えていることからも推測できる。

例えば、後に『根源的主体性の哲学』に収められる「ニイチェのツァラツストラとマイスター・エックハルト」（一九三八年）において、ニーチェの評価が他の近代哲学者であるヘーゲル、シェリング、ショーペンハウアーなどと比すれば格別とされていることに注意したい。

生は、その頂点に於て真に創造的となる時、Untergang の（下向或は没落の）意志を成熟せしめる。真に創造的となるとは真に没落し得るものとなることである。結実は樹の生命の頂であるが、しかもその果が樹を離れて地に落下する瞬間にこそ、樹はその最も創造的なる行を表わす。すべて真実の創造は真実の没落のうちに完成され、また真実の没落は真に創造的となり得た生のみが達成し得る。それは創造の最後の飛躍であり、頂上から更に一歩を進めることである。ここに生の絶対的な自己否定が直ちに絶対的な自己肯定である所以がある。そこに初めて曩にいった一切の死が一切の生に転ずる所がある。ヘーゲル哲学のうちに此の点が見出せるか否かは疑問である。生の深い隅々へ徹して行った彼の論理も、否定の否定が直ちに肯定に転ずる最後の一点に論理の限界を残しているのではないだろうか。そしてその点から、史的唯物論の企図したところと方向こそ異なれ、彼の論理がもう一度倒に立て直される可能性が現われて来るのではないであろうか。フリース、シェリング、ショーペンハウエルなど夫々の立場からの論難も、畢竟この同じ点を捉えたものと言い得るであろう。(19)

厳密に言えば、ここで西谷が否定的に評価しているのはヘーゲルただ一人で、ヘーゲル批判の見地に立てばシェリングにも見るべきものがあると言えるかもしれない。けれども、同じ「ニイチェのツァラツストラとマイスター・エックハルト」のなかで、ツァラトゥストラ＝ニーチェが次のようにプロティノスと等置されている点に注目すれば、西谷にとってシェリングよりもニーチェが重要な思想家であることが分かる。

ツァラツストラは彼の死灰を森に安置する代りに、森をよぎって一層高き変身を、生の否定の否定を、山上に待たねばならなかった。會てプロチノスは周知の如く、感性界の上に叡智界を見、そこに於いて感性界を超えた魂が神と合一することを説いた。然も彼は、普通に魂の安住地とされるこの境地を以て、なお神の対象観を含み一にして二なるものとし、更により高く純なる一へ上るべきだと説き、それを脱我、眼覚め、善そのものにして然も善いとも言われぬもの、善悪の彼岸、思惟と存在の彼方、意志、生命等として言い表した。森を出て山頂を求めるツァラツストラの姿には、プロチノスのHypostasen の階梯を上り行く魂を髣髴せしめるところを含むとは言い得ないであろうか[20]。

こうして見れば西谷にとって重要なのは、ヘーゲルやシェリングといった、彼らの生きていた時期が相対的に西谷に近い近代の哲学者ではなく、プロティノスのような古代の哲学者、あるいはエックハルトのような中世に生きた修道僧だということになる。こうした哲学史の見方に、西谷の反近代的な視点が見て取れる。以下の文章は、西谷が近代に対していかに強い否定の感情を持っていたかということをはっきり示すものである。

私は……両者〔ニーチェとエックハルト〕の教説が同一の哲学史的範疇に属する思想であると言おうとするのではない。また、十三世紀後半から十四世紀の初めにかけて修道院に生活した説教僧と十九世紀後半に無神論の標章をつけた権力意志の思想を説く孤高の哲人との、殆んど正反対なる風姿の背後に、全く異なった時代の色をもつ歴史的雰囲気の存すること、その雰囲気のうちに醸し出される問題の形も与えられる解答の形も互いに全く違っていること、それを忘れたわけではない。……併し乍ら、かかる歴史的相貌の相違の奥に、私は此等二つの思想の底を流れる或る相通ずるものを認めざるを得ない。一は神学的認識の錯綜を通して霊を無礙の自由に導かんとする努力によって、他は近代文化の心性に対する徹底的・溯源的な批判とそれの含む諸々の迷路から脱却せんとする努力とによって、大なる生命の頂に（或は根源に）期せずして相出会ったと見ることは出来ないだろうか。(21)

このような徹底的な近代批判は、先述の唐木の表明したロシア民衆への共感と表裏一体にある西欧精神への違和感と一脈通じるものがある。こうした事情が、唐木の支持する「主体的リアリズム」と似た「根源的主体性」という語を自らの立場として西谷が選んだ理由だと思われる。両者の違いがあるとすれば、唐木が文芸評論のなかでたびたびフォイエルバッハのようなヘーゲル左派につながる哲学者の名前に言及するのに対し、西谷の場合はそうした左派思想家への共鳴が一切ないことである。このことは三木清に対する唐木と西谷の態度の違いに起因するが、いずれにせよ唐木も西谷も三木的なヒューマニズムに対する共感はなく、近代に対してさしたる希望をもたないことで一致している。こうした両者の資質が、戦後は中世への回帰という思索のスタイルへと向かわせるのである。(22) そして二人をこの道へと向かわせたものはシェリングではなく、シェストフ的に理解されたニーチェなのであり、この点でどちらかと言えばヒューマニズムに傾く三木や保田をはじめとする雑誌『コギト』の立場とは違う位相にあることが知られるのである。

結論と課題

一　シェリング受容の見地から

以上、昭和思想史の観点から三〇年代のシェリング受容のあり方を見てきた。そこから見えてきたことは、一般には「日本主義」的な批評家として戦前はもてはやされ戦後は長い間無視されてきた保田与重郎が、その初期においてシェリング思想の核心を見抜いていたということである。もちろん、第四章でも触れたように保田のドイツ語力は貧弱であるから、彼はシェリング哲学の理解については雑誌『コギト』の関係者である中島栄次郎、松下武雄の助力を得ている。けれども第六章で論じたように「二つの論文（新しき芸術学への試み）――文学時評（コギト昭和七年七月号）」のなかで保田は、二人からシェリングおよびドイツ・ロマン派の議論を吸収しつつも、中島と松下がそれぞれ独自に追求した『自由論』の無底と『体系』の天才の問題が実は通底することを看破したのである。現在のシェリング研究でも哲学者のテーマとドイツ文学者・美学者のテーマがかみ合わないことの多いことを考えれば、哲学の問題として追求される無底と美学上の問題として考察される天才を併せて論じる視点を保田が提示したというのは、炯眼という他ない。その意味で第四章でも触れた川村二郎の言う、保田のシェリングを含めたドイツ・ロマン派の理解が「当時のドイツ文学研究者たちの追随を許さぬ深みに到達していた」というのは全く正当である。

他方で保田のシェリング理解に皮相な面があったことも指摘しておかなければならない。それは天才概念の理解について言えることである。第六章で論じたように、保田は大東＝松下の「創作の問題」を批評するにあたりシェリングの天才概念を「凡人の芸術し得る道」を閉ざすものとして否定的に評価したが、シェリングにとって天才とは、松下が的確に理解しているように、人間の意識的な芸術活動に付加される「自然の好意」なのである。けれども松下が保田からの批判に対して自らの理解の正しさをことさらに主張せずに天才という視点を放棄し、その代わりに三木清から得たパトスの視点を重視したのは、我が国でのシェリング理解の進展にとっては不幸な出来事だったと言わざるを得ない。けれども松下のようなシェリングの篤実な研究者が保田のように大胆な解釈を施して、自分とはいささか違う考察をしている中島を巻き込んで強引な議論を展開することは考えにくいので、こうした理解の皮相さを補って余りあるものが保田のシェリング論に見出せるのではないだろうか。

こうした保田の大胆なシェリング解釈に較べれば、西谷啓治のシェリング理解はその紹介の鮮やかさには敬服し得るものの、西谷自身の思想の展開においてシェリングがさほど重要な位置を占めるとは言い難い。繰り返すが西谷によるシェリング哲学の紹介は今日の研究水準から見ても群を抜くもので、この点について異論を挟む者はどこにもいない。ただし、西谷のシェリングへの関心は『自由論』のみに限定されていること、しかもその後シェリングの批判するプロティノスの発出論（一般には流出説と呼ばれる）への執着を西谷が強くしていることに鑑みれば、西谷自身のシェリング哲学への関心は限定的だと言わなければならない。もちろん西谷的な視点に立てば、シェリング哲学がベーメやエックハルトといったドイツ神秘主義に連なる側面があることは認められるし、そうした視点でシェリング哲学を深く掘り下げることに魅力を感じる人は少なからずいるだろう。けれどもこうした視点は、シェリング哲学全体のコンテクストを無視して『自由論』の議論だけを突出させかねない側面を含んでいる。これに対して保田のように、『自由論』と『体系』ないし『芸術哲学』との関係を考慮してシェリング哲学にアプローチする方が、狭い意味での哲学のみならず、広く思想に興味を持っている文学・美学の関係者をも巻き込む幅広い議論を期待することができる。このように考えれば西谷にとって重要なのはシェリングではなく、彼の敬愛するエックハルトと親近的なニーチェだということになるだろう。

二　昭和思想史の見地から

けれども視点を昭和思想史の展開に向ければ、西谷がシェリングよりもニーチェに関心を抱いていたという事実は興味深い側面を有している。西谷のこの視点は西谷自身が獲得したというよりは彼の友人である唐木順三から得たものであり、その唐木は三〇年代の論壇で華やかに展開された、シェストフの受容をめぐる亀井勝一郎と三木清の関係、ロマン主義をめぐる三木と保田のやりとりを介して、ニヒリズムに定位したニーチェ受容をなしたと考えられる。他方で保田は、第五章でも詳しく述べたように中島栄次郎を経由したニーチェ受容をしているのだから、第一章でも触れたようにニーチェとシェリングはどこかで親近的なのである。シェリングは彼より相対的によく知られているニーチェを介して世間に認知されたと言って構わない。その場合のニーチェは、第二章で言及した三木清による生田長江の理解などの要因を考慮すれば、ニヒリスティックなものではない。我が国に限って言えば、哲学史で言われるほどシェリングの立場はヘーゲルと照合されて受け取られてはいない。

もう一つ注意しなければならないのは、ニーチェ受容に関して世代的な差異があるということである。唐木や亀井においてニーチェは、あくまでもシェストフの『悲劇の哲学』を媒介にして受容され、そこではニーチェの提唱するニヒリズムがどこか共産主義運動からの転向を正当化する論理として称揚された。他方で、こうしたシェストフならびにニーチェの理解に違和感を感じた論者も存在した。第三章で触れたように、そのなかには小林秀雄、そして『悲劇の哲学』の翻訳者である河上徹太郎が含まれており、彼らはシェストフならびにニーチェの思想に、どこか近代的ないしヒューマニスティックなものを感じていた。こうしたニーチェ理解は、さかのぼれば第二章で論じた生田長江、和辻哲郎による理解と重なると言ってよい。こうしたニヒリスティックなニーチェ理解とヒューマニスティックなニーチェ理解を結びつけようとしたのが三木清だが、三木は次第に新しいヒューマニズムに傾倒してゆき、その経緯は保田と『コギト』グループに少なからぬ影響を及ぼしたと思われる。

このようにしてみれば、昭和思想史をリードする論者を思い切って二分すれば、ニーチェ理解を基軸に「近代派」と「超克派」に分けることができよう。「近代派」とはニーチェのヒューマニスティックな理解者、またシェリングをニーチェと結びつけて論じた論者であり、「超克派」はニヒリスティックなニーチェ理解をもとに近代を全否定する論者である。これを基準にして本書で取り上げた論者を二分すれば、

近代派……生田長江、和辻哲郎、河上徹太郎、小林秀雄、三木清、保田与重郎、中島栄次郎、松下武雄
超克派……亀井勝一郎、西谷啓治、唐木順三

という具合になる。「超克」の語を流布させた長江が超克派ではなく近代派に入るというのは何とも皮肉だが、こうした分類をするとどうも収まりのよくないのが西谷啓治である。なぜなら西谷は、シェリング研究から出発しながらも、唐木を媒介してシェリングに関心のない論者の多いニヒリスティックなニーチェ理解の陣営に加わっているからである。

こうした西谷の曖昧な態度が、有名な座談会「近代の超克」のなかで小林秀雄に問いつめられることとなる。次に挙げる対話は、小林が西谷に潜む近代的な側面をあぶり出すものと考えて差し支えないだろう。

西谷 自分自身経験したから云うのですが、高等学校や大学生の時代に、日本の過去の文学、古典を読んで見ようかという気が起ったが、そういう場合自分に本当にピンと来るものは殆どない。自分の趣味からですが、芭蕉や万葉とかを除いては殆ど訴えるものがない。古事記などもそうだった。それに反して西洋文学のものは、自分の為に書かれたものといったような感じを持って読んだ。そういう事実に対して、現に文学をやって居る方はどういう風に考えられるものでしょう。

小林 ああ、それは大きな問題ですね。そういう経験は非常に普遍的なものであって、今の僕等の年

配の人には皆そういうことがあるだろうと思う。西洋のものは面白かった、近代の文学でもその影響を受けた日本の文学は詰らない。やはり本物が面白くて、本物に飛付いた、そして古典というものは皆読まなかった……。

西谷　自分の経験で言いますと、西洋の小説を読んだ時は、僕は観念や理論とかいうよりも、やはり生きた人間に触れるという感じがした。それに対して源氏物語でも何でもいいが、吾々が自分の写しを見るような、そういう人間を書いていない。反って外国文学が生々しい感じを与える……。

小林　青年時代、観念というものを信じて、それに燃えて居る時には観念は生々しい。あなたの仰しやることは能く分る、その通りだと思う。併し、西洋の文学に飛びついたと言っても、それはみな西洋の近代の詩や小説に飛びついたので、ギリシャ悲劇に飛びついたわけではない。だから要するに近代性の克服とは西洋近代性の克服が問題だ。日本の近代性の克服なんぞわけはない。(1)

こうした小林とのやりとりを考慮して、西谷をやや強引に近代派に編入するとすれば、超克派に残る亀井と唐木はシェリングではなくニーチェからの影響、しかもシェストフを経由し共産主義からの転向の契機を重視する立場だということが確証できる。この見方は第二章で扱った、資本主義と社会主義の対立を同時に克服しようという生田長江とは位相が違うし、こうした長江の言い方が見ようによっては、河上徹太郎の指摘するように合理的な近世哲学の伝統にも連なるヒューマニスティックなものだという ことを強調したい。そうなると、近代派と超克派の対立は、言論の自由を重視する西洋的伝統と、西洋的なものを否定する社会主義的なもの、あるいは唐木のドストエフスキーへの傾倒を考慮すれば、ロシア的といった異教的なものの対立として捉え直すこともできる。シェリングはこうした捉え直しをする契機の役割を果たしていることにも注意したい。

三　三木、田辺、シェリング、西田の関係――今後の課題

このように考えれば、逆にニーチェを軸にして昭和思想史を捉えれば、シェリングないしヒューマニズムとの関連でニーチェを考察する方向は近代派、ヒューマニズムを批判するないしシェリングを考慮しないニーチェ受容は超克派だということになる。そうだとすれば、こと昭和思想史の文脈に限って言えば、シェリングと広い意味でのヒューマニズムはどこか親近的なものとして受け取られると考えられる。

このことは昭和思想史の中核をなす三木清の評価にも関わってくる。第六章と第七章の議論を振り返れば、保田与重郎は松下武雄の提示したシェリングの天才概念が凡人の理解せざるものとしてしりぞけ、これを補うものとして三木を経由して社会的ミュトスの意義を称揚した。これに対して松下および中島栄次郎は、ミュトスではなくパトスの契機を重視する議論を展開した。既に述べたようにここでの保田の天才概念の理解は浅薄なもので、我が国における本格的なシェリング受容の芽を摘むことになったが、こうした経緯は見ようによってはシェリングの天才概念が提示する超個人的次元が、三木哲学では無意

識に関わる身体的次元と、社会形成に関わる神話的次元という二つの次元として捉えられていることを意味する。実はこうした超個人性の二面性を、シェリングが全く考えていなかったわけではない。第一章で論じたように、天才は芸術における無意識的な部分を指すポエジーを汲み上げるものとされているが、そのポエジーが『体系』の末尾で、次のように「新しい神話」と関わりのあるものと規定されているからである。

哲学は学の幼年期におけるそれと同様にポエジーから生まれて育てられ、哲学によって完成に導かれる全ての学問は、哲学とともに完成に向かって個々の流れをとりつつ、自ら出発したところのポエジーという普遍的な大洋に回帰する。ただし、学のポエジーへの回帰の中項であるものが何であるかを一般的に言うのは難しい。何しろ……解決不可能な分離が生じるより以前から、そうした中項が神話のなかに存在しているからである。個々の詩人の創作ではなく、いわば唯一人の詩人を表象する新しい種族であり得る新しい神話自体がどのようにして生じ得るかは、その解決が世界の将来の運命と歴史の今後の経緯により期待される問題である。(III,629)

一般に三木とシェリングとの関係は未完に終わった論文「構想力の論理」に限定されると言われるが、保田によるシェリングと三木の評価は奇しくも両者の親近性を浮き彫りにしている。そう考えれば、保田が注目した三木の提唱する新しいヒューマニズムも、ポエジーの二義性を備えたものだと考えることができるだろう。

ところで、昭和思想史において超個人性の二面性に注目した哲学者はもう一人いる。それは、京都学派において最もシェリング哲学の摂取に熱心だったと見られる田辺元である。第八章で論じたように、田辺は『ヘーゲル哲学と弁証法』を執筆中に『自由論』に見出される普遍に対する個別性の反逆の契機を繰り返し評価しているし、その後彼の提唱する種の論理では、個別性の反逆的契機を取り入れつつも個別性を超えた社会の有り方を模索した。そして種の論理がシェリングの再評価を伴う懺悔道としての哲学に変化することも考慮すれば、田辺と三木の間には個人的には多くの確執があったものの、この二人は実はかなり似た問題圏で思索していたと言えるのではないだろうか。(2)(3)

今後昭和思想史で大いに論じられるべきは、田辺哲学と三木哲学の異同である。両者の近似性を見る物差しとして本書ではシェリング哲学があることを提案したが、両者の差異性を考える上での基準となるのは西田哲学ということになるだろう。つまり田辺哲学はしばしば西田哲学への批判を伴うかたちで展開するのに対し、三木哲学はその後期において西田哲学の再受容を介して進行するからである。このように三木・田辺・西田・シェリングと相互対照させた議論を重ねていけば、必ずしも「日本的なもの」の評価を目指さない新しいタイプの哲学史が築かれるのではないだろうか。(4)

注

第一章

（1） J. Matsuyama, "Einleitung: Zur Situation der Schellings-Forschung in Japan," in: J.Matsuyama, H. J. Sandkühler(hg.), *Natur,Kunst und Geschichte der Freiheit.Studien zur Philosophie F. W. J. Schellings in Japan*, Frankfurt 2000, S. 17-20. ここで問題になっているのは日本国内のシェリング研究だが、世界の研究についてもほぼ同様の傾向があると思われる。

（2） これら二つの研究の要約は以下の研究に収められている。西川富雄『シェリング哲学の研究』法律文化社、一九六〇年、二五八―二六七頁。

（3） 実はこの仮説には二つの問題が含まれている。一つは、『自由論』の先駆けと目されている『哲学と宗教』が書かれた同じ一八〇四年に、前期に数え入れられる同一哲学の最も整備された叙述の『全哲学の体系』が出されていることであり、もう一つはやはり同一哲学に属する『私の哲学体系の叙述』を踏まえたかたちで『自由論』の叙述がなされていることである（VII, 358）。少なくとも同一哲学と『自由論』は同じ観点で書かれていることを疑うことはできない。今後この視点で研究を進めることが求められる。

（4） 以下、シェリングからの引用はK・F・A・シェリング（シェリングの息子）版にしたがい、ローマ数字で巻数、アラビア数字で頁数を示す。

（5） 二つの立場は一般的にはそれぞれ「観念論」、「実在論」と言われるのだが、彼が「観念論」で想定しているのはカントとカントの流れを汲むフィヒテであり、スピノザおよび硬直した宗教ドグマを掲げている立場を一括りにして「独断論」と呼んでいる。

（6） A. Bowie, *Aesthetics and Subjectivity: from Kant to Nietzsche*, New York 1993, p. 220-221.

（7） P. Szondi, *Schriften I*, Frankfurt 1978, S. 151-157.

（8） シェリング研究上シラーとヘルダーリンとの対比はきわめて重要である。一七九六年二月二四日付のニートハンマー宛の手紙のなかでヘルダーリンは、シラーの『美的教育に関する書簡』にならって『美的教育に関する新書簡』の執筆を計画していることを表明し、この計画がシェリングの『書簡論文』と関連していることを示唆しているからである。手塚他訳『ヘルダーリン全集』

四、河出書房新社、一九六九年、二四二―二四三頁。

第二章

（1）坂部恵「いつか来た道」『哲学』第五七号、二〇〇六年、二二―二四頁。

（2）このグループの命名は服部健二『西田哲学と左派の人たち』こぶし書房、二〇〇〇年にヒントを得ている。

（3）西田がハイデガーのみならずそもそも西洋の哲学者の思想を正確に理解することに関心がないとする嶺の指摘は、今後の哲学史・思想史的展開を考える上で大きな示唆を与えてくれる。嶺秀樹『ハイデガーと日本の哲学――和辻哲郎、九鬼周造、田辺元』ミネルヴァ書房、二〇〇二年、六頁。

（4）本書の第一章でシェリング思想への私のアプローチを詳しく述べたのも、嶺の試みにならってのことである。嶺前掲書、二一―四二頁。

（5）生田長江が登場するまでの我が国におけるニーチェ受容史については、高松敏男『ニーチェから日本近代文学へ』幻想社、一九八一年、五―四一頁を参照。

（6）生田長江の生涯については、猪野謙二『日本文学の近代と現代』未来社、一九五八年、二四七―二六四頁を参照。

（7）生田長江『超近代派宣言』〈近代文芸評論叢書〉二、日本図書センター、一九九〇年、三〇―三一頁。戦前の邦文献からの引用は現代仮名遣いに直し、新字に改めた。以下も同様である。

（8）同書、三四―三五頁。

（9）「ニイチェ研究」『和辻哲郎全集』第一巻、岩波書店、一九六一年、三四頁。

（10）「ニイチェのツアラツストラ解釈並びに批評」『阿部次郎全集』第四巻、角川書店、一九六一年、四三頁。

（11）谷崎昭男「『超克』の語の弁」『日本浪曼派』〈日本文学研究資料叢書〉有精堂、一九七七年、六八頁。

（12）「生田長江氏」『三木清全集』第一七巻、岩波書店、一九六八年、二三一―二三二頁。

（13）唐木順三「和辻哲郎の人と思想」『和辻哲郎』〈現代日本思想大系〉筑摩書房、一九六三年、四一頁。

（14）「昭和の精神」『保田与重郎全集』第一六巻、講談社、一九七七年、一一頁。

（15）こうした解釈を代表するのが浅野俊哉『スピノザ――共同性のポリティクス』洛北出版、二〇〇六年である。

第三章

(1) この事情については、以下の論文が詳しい。上妻精「ニヒリズムの萌芽――ヤコービとその周辺」〈叢書ドイツ観念論との対話〉第五巻、ミネルヴァ書房、一九九四年、一四七―二二一頁。

(2) 会見の際ツルゲーネフは、シェリングがフィヒテの弟子かどうかを問い質したと言われている（A. Gulyga. *Schelling. Leben und Werk.* Stuttgart 1989. S. 309.）。

(3) 「我が精神の遍歴」『亀井勝一郎全集』第六巻、講談社、一九七一年、二七八頁。

(4) この時期の共産主義的な文学運動の状況に関するスタンダードな理解については、平野謙『昭和文学史』〈筑摩叢書〉一九六三年、一一六―一二四頁を参照。戦前期の日本共産党の動きはきわめて複雑で簡単に理解するのが難しいが、伊藤隆『日本の内と外』中央公論新社、二〇〇一年、二四七頁と二七九頁に挙げられた図は理解の利便になる。

(5) 亀井前掲論文、三〇六―三〇七頁。傍点は原文のまま。以下も同様である。

(6) 同論文、二九七頁。

(7) 「人間教育」、同巻、二〇頁。

(8) 同論文、同巻、二〇―二一頁。

(9) 「現代の頽廃について」『河上徹太郎全集』第一巻、勁草書房、一九六九年、一八〇頁。

(10) 「シェストフ的不安」『河上徹太郎全集』第二巻、勁草書房、一九六九年、二四八―二四九頁。

(11) 「『紋章』と『風雨強かるべし』とを読む」『小林秀雄全集』第三巻、新潮社、二〇〇一年、二〇八頁。

(12) 竹田純郎「生命論への視座――ディオニュソス神話を手引きにして」竹田・横山・森編『生命論への視座』大明堂、一九九八年、三頁。

第四章

(1) 「日本浪曼派批判序説」『橋川文三著作集』第一巻、筑摩書房、一九八五年、一九頁。

(2) 桶谷秀昭『保田与重郎』講談社学術文庫、一九九六年、一一八―一一九頁。

(3) 最近になって、「海ゆかば」への思いを述べた各界からの文章を集めたアンソロジーが刊行された（新保祐司『「海ゆかば」の昭和』イプシロン出版企画、二〇〇六年）。この本を読めば、戦争体験のない世代も敗戦末期の切迫した雰囲気が漠然とではあるが分かるように思われる。

(4) 川村二郎『限界の文学』河出書房新社、一九六九年、四一頁。

（5）同書、四六頁。
（6）高橋義孝「感性の人」『保田与重郎全集』月報第一〇巻、講談社、一九八六年、一―二頁。〔　〕内は引用者による補足である。以下も同様である。
（7）久野収「『世界文化』での経験」文学的立場編『文学・昭和十年代を聞く』勁草書房、一九七六年、二六七頁。
（8）「松下武雄君を悼む」『田辺元全集』第一四巻、筑摩書房、一九六四年、三九九頁。
（9）「清らかな詩人――ヘルデルリーン覚え書」『保田与重郎全集』第三巻、講談社、一九八六年、二〇〇―二〇一頁。
（10）「セント・ヘレナ」同巻、二五一頁。
（11）「ルツインデの反抗と僕のなかの群衆」同巻、一八八頁。
（12）同論文、一八〇―一八一頁。
（13）『アテネーウム』は『コギト』の第二二号から第二四号にわたって薄井敏夫による和訳が掲載されている。
（14）「協同の営為（Mitarbeit）――問題を僕らの上へ」『保田与重郎全集』第二巻、講談社、一九八五年、六六六―六六七頁。
（15）同論文、七〇頁。傍点は原文のままである。
（16）「『日本浪曼派』広告（コギト第三十号　昭和九年十一月）」『保田与重郎全集』第四〇巻、講談社、一九八九年、三二八―三二九頁。
（17）「編集後記（コギト第三十号　昭和九年十一月）」、同巻、二〇〇頁。

第五章

（1）神谷忠孝『保田与重郎論』雁書館、一九七九年、一二五―一三八頁。
（2）「生活について」『中島栄次郎著作選』「中島栄次郎著作選」刊行会、一九九三年、二二九頁。
（3）同論文、一三〇頁。傍点は原文のまま。以下も同様である。
（4）「レアリズムの精神」同書、一一〇頁。
（5）同論文、一一〇―一一一頁。
（6）沖崎猷之介「創作――自然主義と浪漫主義――」『コギト』第四号、一九三二年、一〇―一一頁。傍点は原文のままである。

第六章

（1）松下は『コギト』第一九号（一九三三年）において「構想力論――詩の論理」を発表している。

（2）大東猛吉「芸術と生活（一）――芸術学の新しき方向――」『コギト』第三号、一九三二年、六頁。傍点は原文のまま。以下も同様である。
（3）同論文、七―八頁。
（4）大東猛吉「創作の問題」『思想』七月号、一九三三年、五四―五五頁。
（5）同論文、五六―五七頁。
（6）ブプナー（加藤尚武・竹田純郎訳）『現代哲学の戦略』勁草書房、一九八六年、二四六頁。
（7）「二つの論文（新しき芸術学への試み）――文学時評（コギト昭和七年七月号）」『保田与重郎全集』第六巻、一九八六年、講談社、二六八―二六九頁。傍点は原文のまま。〔 〕内は引用者による補足。以下も同様である。
（8）同論文、二六九―二七〇頁。
（9）同論文、二七一頁。
（10）大東猛吉、前掲「創作の問題」五七―五八頁。
（11）同論文、六〇頁。
（12）同論文、同頁。
（13）同論文、六一頁。
（14）大東猛吉「文学時評」『コギト』第一二号、一九三三年、一二〇頁。

第七章

（1）「シェストフ的不安について」『三木清全集』第一一巻、岩波書店、一九六七年、三九二―三九三頁。
（2）同論文、三九五頁。
（3）同論文、三九八頁。
（4）「ネオヒューマニズムの問題と文学」同巻、二一七―二二一頁。
（5）「イデオロギーとパトロギー」同巻、二二二―二二三頁。
（6）「文学における世代の問題」同巻、二五八―二五九頁。
（7）同論文、二六四―二六五頁。
（8）最近では津田雅夫が、この時期の三木の文学エッセーは未完に終わった『哲学的人間学』との関連で書かれているという注目すべき指摘をしている（『人為と自然――三木清の思想史的研究』文理閣、二〇〇七年、二〇七―二〇九頁）。
（9）「深さへの探求――三十三年の文学評論――」『保田与重郎全集』第六巻、講談社、一九八六年、三六七―三六八頁。
（10）「浪漫主義の台頭」『三木清全集』第一三巻、岩波書店、一九六七年、一六〇―一六一頁。

(11) 赤松常弘によれば、「シェストフ的不安について」や「不安の思想とその超克」におけるニーチェ的な文学・思想への分析は「行動的人間について」で文学者を含めた知識人の政治参加を呼びかけるための準備作業だったとされる(『三木清――哲学的思索の軌跡』ミネルヴァ書房、一九九四年、二〇四―二〇六頁)。これに対し保田は、三木のこうした主張は文学に対する背信行為だと批判している(「時評的文学雑記」『保田与重郎全集』第七巻、講談社、一九八六年、二九〇―二九二頁)。

(12) 人民文庫・日本浪曼派討論会は一九三七年六月三～六日、八～一一日付の『報知新聞』に掲載されたもので、出席者は人民文庫からは高見、新田潤、平林彪吉、日本浪曼派からは保田、亀井、中谷孝雄が出席した。冒頭から保田と高見の間で「日本的なもの」をめぐる白熱した討論が繰り広げられた。討論会に臨む前に書かれた「高見君、僕は文学を語りたい」を見る限り、保田は最初から高見に好印象を抱いていたようである。他方の高見の述懐によれば、この討論会は当時の彼にとっては「喧嘩に近い激論」だったが、戦後になって「『人民文庫』と『日本浪曼派』とは『転向という一本の木から出た二つの枝だ』」と発言するようになる(『昭和文学盛衰記』文春文庫、一九八七年、三三六―三三七頁)。こうした高見の態度が、戦後の保田再評価のきっかけを作ったと言ってよい。もっとも彼の日本浪曼派観は保田というより亀井のものに近く、その態度が橋川文三に代表される保田観にも反映されている。

(13) 井上良雄は現在ではほとんどその名が忘れられているが、昭和初年にプロレタリア文学のリアリズム理論に対する仮借ない批判をする論客として小林秀雄と並び称されていた。彼による保田批判は、現在では梶木剛編『井上良雄評論集』国文社、一九七一年、一五七頁に収録されている。この保田批判を山崎正純は「知識人の実践性を確保する文芸批評の可能性」を閉ざしたものとして否定的に評価している(「ロマン主義と〈書記〉の欲望――初期保田与重郎論――」『叙説 II』二〇〇一年、三一頁)。

(14) 「日本浪曼派の時代」『保田与重郎全集』第三六巻、一九八八年、一一七頁。

(15) 「浪漫主義の台頭」『三木清全集』第一三巻、一六五頁。

(16) 沖崎猷之介「言語の形而上学とロマンの問題」『コギト』第一二号、一九三三年、一六頁。傍点は原文のまま。以下同様である。

(17) 同論文、一九頁。

(18) 同論文、一九―二〇頁。

(19) 「文学時評(コギト昭和八年八月号)」『保田与重郎全集』第六巻、講談社、一九八六年、三三五―三三六頁。傍点は原文のまま。以下同様である。

(20) 同論文、三三六頁。

(21) 「当麻曼陀羅」『保田与重郎全集』第五巻、講談社、一九八六年、一〇五―一〇六頁。

(22) 同論文、一〇七頁。

(23) 同論文、一〇七―一〇八頁。

(24) 「中島栄次郎に」『保田与重郎全集』第二巻、講談社、二二〇―二二一頁。

(25) 同論文、二二六頁。

(26) 本書の目的は保田の「日本主義的」批評を主題的に扱うことではないが、これらの「日本主義的」批評に構造的な破綻があることを国文学者の広末保が示唆していることは注意していいだろう。「西行から芭蕉へという方向と、王朝サロンから西鶴までの方向を、判然と区別することはできないし、また保田必ずしもそうしていないが……それら二つを相互排除の形でなく統一する」という指摘がそれである。二つの方向を無理に統一させようとすると「西行的・芭蕉的なものが、かなり自虐的・求道的なものとしてうけとられ」るという危惧を広末は表明している(「喪失と神話の虚構」『前近代の可能性』(『広末保著作集』第三巻)影書房、一九九七年、一五六頁)。同様の危惧は旧制大阪高校時代に保田や中島と交流のあった野田又夫も述べている(「保田与重郎を偲んで」『保田与重郎全集』月報第八巻、講談社、一九八六年、三頁)。こうした事情を考慮すれば、今後の保田の研究は思想受容の観点に立った初期評論の検討から始められるべきだと思われる。初期評論の研究については、最近刊行された渡辺和靖の浩瀚な研究書で周到になされているが、渡辺は保田の「日本主義的」批評が取り扱う素材にオリジナリティがないことを熱心に暴露するのに較べると、保田の批評の中核となる方法論が何に拠っているかの問題には興味がないように思える(『保田与重郎研究』ぺりかん社、二〇〇四年)。

第八章

(1) この点は海外でも広く知られている。西谷によるシェリング解釈の海外への紹介についての最近の論文としては、以下のものを参照。Eiko Hanaoka, "The Problem of Evil and Difference: A Report on Nishitani's Relationship to Schelling," in: J. M. Wirth(ed.), *Schelling Now. Contemporary Readings*, Indiana 2005, p. 238-245.

(2) 西谷と唐木の親交については、佐々木徹が次のようにまとめていることに注意したい。「二人（西谷と唐木）の親交は、京大時代から唐木順三の死にいたるまで長くつづくが、二人の、師・西田幾多郎との出会いを綴る文章にはどこか相通じるものがある。ほぼ同じ時代に生き、高等学校時代に人生や社会の問題に悩み、ドストエフスキイやニイチェ、宗教書を読んだことも共通している。高等学校時代の唐木順三もまた、『思索と体験』に深い感銘を受け、なかでも「愚禿親鸞」には強く刺激され、古本屋で『真宗聖典』を購入している。ちがうところは、唐木順三がいち早く自分の哲学的才能に見切りをつけ、文学に傾いたことであるが、そこでも二人の視野には、漱石に始まり芭蕉を経て道元に窮まる道すじが鮮明に望まれている」（『西谷啓治――その思索への道標』法蔵館、一九八六年、五二頁）。ちなみに言えば、唐木はそれぞれの間で様々な確執のあった西田幾多郎、田辺元、三木清、西谷啓治のいずれとも友好的な関係を維持しており、京都学派を読み解くキーパーソン的な役割を果たしていると思われる。

(3) 「シェリングの絶対的観念論とベルグソンの純粋持続」『西谷啓治著作集』第一三巻、創文社、一九八七年、二〇六―二〇七頁。

(4) 「自覚に於ける直観と反省」『西田幾多郎全集』第二巻、岩波書店、二〇〇四年、五頁。

(5) 「〔『全知識学の基礎』〕序」『西田幾多郎全集』第一一巻、岩波書店、二〇〇五年、二七八頁。

(6) 岡田勝明『フィヒテと西田哲学――自己形成の原理を求めて』世界思想社、二〇〇〇年、五六頁。

(7) 氷見潔『田辺哲学研究』北樹出版、一九九〇年、七八頁。

(8) 「行為と歴史、及び弁証法のこれに対する関係」『田辺元全集』第三巻、筑摩書房、一九六三年、二三三頁。

(9) 「道徳の主体と弁証法的自由」同巻、一九九頁。〔 〕内は引用者による補足である。

(10) 「西田先生の教を仰ぐ」『田辺元全集』第四巻、筑摩書房、一九六三年、三〇九頁。

(11) 「私の絶対無の自覚的限定というもの」『西田幾多郎全集』第五巻、岩波書店、二〇〇二年、一二六頁。

(12) 「弁証法の論理」『田辺元全集』第三巻、筑摩書房、一九六三年、三三二頁。

(13) 後年になって西谷は西田哲学と田辺哲学を論じた論考を残しているが、そこで扱われる田辺のテクストは後期の「懺悔道としての哲学」にほぼ限定されている（「西田哲学と田辺哲学」『西谷啓治著作集』第九巻、創文社、一九八七年）。

（14）「神秘思想史」『西谷啓治著作集』第三巻、創文社、一九八六年、三六―三七頁。傍点は原文のままである。

（15）「自然、創作、批評」『唐木順三全集』第八巻、筑摩書房、一九六八年、三九三頁。

（16）同論文、三九四頁。傍点は原文のままである。

（17）同論文、三九四―三九五頁。

（18）和辻哲郎・高坂正顕・西谷啓治・唐木順三・森有正『共同討議　ドストエフスキーの哲学――神・人間・革命』弘文堂、一九五〇年、一八一頁。なおこの座談会で和辻は他の出席者に比べてドストエフスキーに対する関心が乏しいことを次のように表明している。「戦争中、殊に爆撃が始まってからは、ほかになんにも出来ないので、しきりに小説を読んだのですが、ドストエフスキーは一度も手にしなかった。………ヘッセの論には、『カラマーゾフの兄弟』に比べるとフローベルなんか小さく見える、という言葉があったと思うが、私はやっぱりフランスのものに引きつけられた」（同書、一九九―二〇〇頁）。第二章で触れた唐木による和辻批判が裏づけられる発言だろう。

（19）「ニイチェのツァラツストラとマイスター・エックハルト」『西谷啓治著作集』第一巻、創文社、一九八六年、九―一〇頁。

（20）同論文、八頁。

（21）同論文、二四―二五頁。〔　〕内は引用者による補足である。

（22）粕谷一希によれば、唐木の中世への傾倒は西谷の『ニヒリズム』がきっかけだとされる（『反時代的思索者――唐木順三とその周辺』藤原書店、二〇〇五年、一四三頁）。

結論と課題

（1）河上徹太郎・竹内好他『近代の超克』冨山房百科文庫、一九七九年、二四五―二四七頁。

（2）この問題については、拙稿を参照（「シェリングと弁証法――日本哲学史の観点から」『理想』第六七四号、二〇〇五年、一〇四―一〇七頁）。最近、種の論理と「懺悔道」の立場が相容れないことを明確に指摘した論考が現れている（竹花洋祐「田辺哲学における絶対無の問題と『懺悔道』の立場」『日本の哲学』第七号、二〇〇六年、特に一〇四―一〇七頁）。

（3）意外なことだが、この問題については既に政治哲学の分野で分析が試みられている。今井弘道『三木清と丸山真男の間』風行社、二〇〇六年、一〇五―一四四頁を参照。書名でも分かるように、ここで今井は丸山政治学の黎明期の抱える複雑な問題を三木・田辺哲学の摂取の点から問題にしている。こうして見れば、昭和思想史におけるシェリング受容の問題は意外に広い射程を含んでいることが分かる。

（4）最後に付け加えたいことは、中島栄次郎と田辺元の関係である。沖崎名で書いた中島の論文「詩の論理と原語」の末尾に次のような文言が付せられていることに注意したい。「自分の俗人根性を絶えず憎んで、そして、そんな清潔な根性で死んだ友人、松浦悦郎にこの小論を捧げる。君は『止して呉れ』というだろう。僕はそれを想像して楽しい。『君の裏側には田辺元博士がいる』と君は何時かいったことがある。全くこの小論は、我が師田辺博士の教説ではないが、性格的なものが決定している」（『思想』七月号、一九三三年、四二頁）。本文で論じたように、田辺と中島ならびに松下の議論には直接関係するものがないが、田辺がその晩年に『ヴァレリイの芸術哲学』を著したことと、中島の晩年のフランス思想への傾倒には何らかの関係があるようにも思える。

■著者略歴

菅原　潤（すがわら　じゅん）

1963年　仙台市生まれ
1996年　東北大学大学院文学研究科博士課程単位取得満期退学
1998年　文学博士（東北大学）
現　在　長崎大学環境科学部准教授

著　書
『シェリング哲学の逆説——神話と自由の間で——』（北樹出版，2001年），『環境倫理学入門——風景論からのアプローチ——』（昭和堂，2007年）

共著書
『シェリング読本』（法政大学出版局，1994年），『日本の芸術論——伝統と現代——』（ミネルヴァ書房，2000年），『生と死の現在——家庭・学校・地域のデス・エジュケーション——』（ナカニシヤ出版，2002年），『風景の哲学』（ナカニシヤ出版，2002年），『ヨーロッパ文化と〈日本〉——モデルネの国際文化学——』（昭和堂，2006年），『風景の研究』（慶應義塾大学出版会，2006年）

共訳書
ゲルノート・ベーメ編『われわれは「自然」をどう考えてきたか』（どうぶつ社，1998年），リヒャルト・クローナー『ドイツ観念論の発展——カントからヘーゲルまでⅡ——』（理想社，2000年），H. J. ザントキューラー編『シェリング哲学——入門と研究の手引き——』（昭和堂，2006年）

叢書シェリング入門4

昭和思想史とシェリング——哲学と文学の間——

2008年3月10日　初版第1刷発行

著　者　菅原　潤

発行者　白石徳浩

発行所　萌《きざす》書房

〒630-1242　奈良市大柳生町3619-1
TEL（0742）93-2234 / FAX 93-2235
[URL] http://www3.kcn.ne.jp/~kizasu-s
振替　00940-7-53629

印刷·製本　共同印刷工業・藤沢製本

ISBN978-4-86065-034-6